아름다운 山寺

| 이형권 지음 |

가림출판사

山寺

책머리에

우리 땅에 스며 있는 사연과 내력을 찾아 떠나는 길, 언제부터인지 모르지만 내 삶의 중심이 되어버렸다. 가난한 길손의 행복이라 해야 할까. 그 떠돌이의 삶 속에서 내가 가슴 한편에 숨겨둔 땅은 많다. 그 중 가파른 삶의 고갯길에서 그리운 곳이 청산 속에 숨어 있는 산사이다. 산사는 세상의 명리(名利)를 버리고 구름처럼 떠도는 수행자의 거처이다. 추상같은 계율이 살아 있는가 하면, 인적이 드문 적요(寂寥)의 도량도 있다. 그곳에서의 삶은 표정이 다르다. 고요하면서도 너그럽고, 서로를 위해 서로의 일부가 되는 평화가 있다. 천길 벼랑 같은 외로움이 있는가 하면, 섬광처럼 번쩍이는 치열한 삶의 경계가 있다.

인간은 무언가를 이루어야 하는 욕망과 미망(迷妄) 때문에 얼마나 번민하고 상처받는 존재이던가. 경쟁과 속도에 지쳐 헤매는 사람들에게 산사는 무소유의 삶과 무욕의 삶을 가르쳐 준다. 은은한 범종소리를 들으며 산사의 오솔길을 오르노라면 마음이 절로 청산처럼 푸르러 진다. 그래서 산사로 가는 길은 자연으로의 귀환을 꿈꾸는 이들에게 피안의 영토와 같다.

아, 언제였던가. 칠흑 같은 어둠을 밟고 찾아온 길손을 객승처럼 맞아주던 봉정사에서의 하룻밤. 별들은 처마 밑까지 쏟아져 잠 못 이루게 하고, 깊은 밤 산 그림자에 뒤척이던 풍경소리는 내 마음의 끝까지 울려주었다. 사미계를 받으러 떠난 행자 스님의 방안에는 지금도 삼엄한 계율을 타이르는 초발심자경문이 놓여 있는지 모르겠다.

2004년 5월
무심재에서 이 형 권

차례

CONTENTS

7 | 책머리에

10 | 남해 금산 쪽빛 바다에 떠 있는 관음성지 **보리암**
20 | 처마 밑에서 벌받고 있는 나녀상의 비원 **전등사**
30 | 풍경소리처럼 해맑은 비구니의 도량 **청암사**
40 | 초의선사가 일으켜 세운 차문화의 성지 **일지암**

50 | 일곱 명의 도적이 깨우쳐 현인이 되다 **칠장사**
60 | 철감선사의 자취가 서린 사자산문의 발상지 **쌍봉사**
70 | 여승들의 예불소리가 꽃처럼 아름다운 절 **운문사**
80 | 마곡사 싸리나무 기둥을 몇 번이나 돌았느냐 **마곡사**
92 | 반야용선을 타고 극락정토로 가는 길 **관룡사**

102 | 까마귀떼가 찾아낸 연못 속의 돌부처 **각연사**

112 | 복사꽃·오얏꽃이 핀 자리에 지은 절 **도리사**

122 | 샘물처럼 향기로운 백제의 가람 **향천사**

130 | 의승군들이 주둔했던 활인검의 도량 **흥국사**

142 | 비안개 흩어지는 운중제일(雲中第一) 도량 **법천사**

152 | 흰 노새가 불경을 짊어지고 와 멈추어 서다 **법주사**

162 | 동해 바닷가에서 피어난 연꽃 한 송이 **낙산사**

172 | 월출산 아래 자리잡은 무위자연의 절 **무위사**

182 | 현존 최고의 목조건축과 영산암의 아름다움 **봉정사**

192 | 불국정토 세계를 펼쳐 내는 대석단의 미 **불국사**

보리암

남해 금산 쪽빛 바다에 떠 있는 관음성지

보리암은 특별한 문화유산을 간직하고 있지는 않지만 남해바다를 굽어보는 해수관음보살상이 있어 성지다운 거룩함을 느끼게 한다. 이곳의 관음신앙은 부처님의 가피력으로 왜구들의 침탈을 이겨내려 했던 호국의 신앙으로 승화되어 있다.

菩提庵

이른 새벽, 암자로 오르는 길은 적막하다. 지난밤의 혼곤한 여정을 떨쳐버리지 못한 듯 미명의 시간이 자욱하게 깔려 있다. 아직 산아래 사람들의 발길이 깨어나기 전, 산빛이 너무 고요한 탓일까. 남해바다를 건너와 엷은 물기를 머금은 안개만이 가득하다. 서늘한 냉기가 스미는 산 위의 주차장에 차를 멈추고 신작로를 따라 저벅저벅 산을 오르면 안개는 서둘러 길손이 밟고 온 흔적마저 지워낸다. 편백나무 그림자가 길게 늘어선 길은 마치 미지의 세계로 들어가는 통로처럼 열려 있다. 그 길을 밟고 정상에 오르면 비단 같은 바위산에 모습을 드러낸 보리암이 찬란하게 떠오를 아침을 기다리고 있다.

　보리암은 동해 낙산사 홍련암, 서해 강화도 보문사와 함께 우리나라 3대 관음 기도도량으로 유명하다.

　관음보살은 어떠한 고통 속에서도 중생들이 간절한 마음으로 부르면 그 음성을 듣고 찾아와 구제해 준다는 자비의 화신이다. 관음 기도도량이 한결같이 풍광이 아름다운 바닷가에 자리잡고 있는 까닭은 관음신앙이 인도의 보타낙가산에서 유래했기 때문이다.

　〈화엄경입법계품〉을 보면 선재동자가 진리를 구하기 위해 50명의 선지식을 찾아다니는 과정이 나온다. 이 구도여행에서 비슬지라 거사가 "선남자여, 여기서 남쪽으로 가면 보타낙가산이 있는데 그 바닷가 바위

금산 정상에서 바라보는 남해바다. 해돋이와 낙조가 아름답다.

절벽 굴속에 관음보살이 있다. 그를 찾아가서 보살이 어떻게 보살행을 배우며 보살도를 닦는지 물어 보아라."고 가르쳐주었다. 그래서 선재동자는 온갖 고난을 무릅쓰고 보타낙가산에 이르러 관음보살을 직접 만나게 되는데 이로 인해 관음신앙이 성립되었고 옛사람들은 그 성스러운 관음의 국토가 우리 땅에도 있다고 믿었다. 그리하여 선택된 곳이 3대 관음성지가 된 것이다.

보리암의 본래 이름은 보광사(普光寺)였다. 사적기를 보면 신라 문무왕 3년(663년)에 원효대사가 이곳을 찾아와 보광사를 창건하고 관음보살의 상주처로 산 이름을 보광산이라 했다고 한다. 모두 보타낙가산에서 유래한 이름이다. 절 이름이 지혜를 뜻하는 보리암이 된 것은 1660년 조선 헌종 때 왕실의 원당이 되면서부터이고, 금산이라 불리게 된 것은 훨

한려수도의 아름다운 바닷길을 굽어보고 있는 해수관음보살상.

이성계가 100일 기도를 했던 이 태조 기단.

씬 이전의 일이었다. 조선왕조를 창업한 태조 이성계가 혁명의 포부를 안고 전국의 명산을 찾아다니며 기도를 했을 때이다. 먼저 백두산에 올라 기도를 했는데 산신이 그 뜻을 받아주지 않았다. 다음으로 지리산을 찾아갔는데 역시 마찬가지였다. 이에 마지막으로 남해의 보광산에 들어가 제단을 만들고 100일기도를 드렸는데, 기도를 마치던 날 이상한 꿈을 꾸었다. 첫째 꿈은 몽둥이 3개를 짊어진 꿈이었고, 둘째 꿈은 큰 가마솥에 들어가 있는 꿈이었으며, 셋째 꿈은 목 없는 병을 본 꿈이었다.

이에 해몽을 위해 영험하다는 노파를 찾아갔으나 출타중이어서 그 딸에게서 해몽을 듣게 되었다. "몽둥이 3개는 곤장 3대를 맞을 징조요, 가마솥 안에 든 것은 뜨거운 물에 삶아져 죽을 징조요, 목 없는 병은 목이 잘릴 징조입니다."

이 말을 들은 이성계는 어처구니가 없었으나 마침 귀가하는 노파를 만나서 다시 꿈풀이를 듣게 되었다. 노파는 딸의 무례에 대해 용서를 구하며 대길몽이라고 했다. "몽둥이 3개를 짊어진 것은 그 형체가 임금 왕자이니 임금이 되실 징조요, 가마솥에 들어간 것은 금성(金城)의 철벽으로 궁중에 드실 징조요, 목 없는 병은 병 밑을 조심해서 받들어야 하니 반드시 만인이 우러러 볼 징조입니다."

이성계는 노파의 해몽에 감동하여 후한 상금을 내리고 "만약에 내가 왕이 된다면 이 산 전체를 비단으로 에워싸 은혜에 보답하겠다."고 했다.

그 후 해몽처럼 이성계는 조선왕조를 창업하게 되었고 그리고 노파와의 약속을 지키기 위해 "산 전체를 비단으로 감싸라."고 했다. 그러나 신하들은 그 많은 비단을 구할 수가 없어 난감했다. 그때 한 신하가 산 이름을 비단 금자를 써서 금산(錦山)이라 바꾸면 실제로 비단을 두른 것이나 다를 바 없다는 묘안을 내놓아 금산이 되었다는 것이다.

금산은 예로부터 남해의 소금강이라 불릴 만큼 경치가 빼어난 곳이다. 해발 701m로 그리 높은 산은 아니지만 바닷가에 위치해 있기에 웅장해 보이고 정상에는 기묘한 형상의 암봉이 펼쳐지고 해무(海霧)가 구름처럼 드리워져 자못 신비로운 풍광을 연출한다. 정상에 올라 발아래를 내려다보면 초승달처럼 아름다운 해안선으로 이루어진 상주해수욕장이 눈앞에 펼쳐지고 멀리 통영에서 여수에 이르기까지 한려수도의 아름다운 바다가 한눈에 들어온다. 일출과 함께 일몰을 볼 수 있고 청명한 밤이면 수평선 위에 떠올라 새벽까지 빛을 발하는 별자리들이 아름답다.

원효대사가 인도에서 온 배에서 모셔왔다는 관음보살상.

옛사람들은 이런 금산의 아름다움을 38경으로 노래했는데 관음봉, 문장봉, 봉수대, 쌍홍문, 사선대, 팔선대, 코끼리바위, 사자바위, 상사바위 등이 그러하다. 그 중에서도 미조 포구 너머 잔잔하게 떠 있는 뭇 섬들 위에 금빛 햇살을 뿌리며 떠오르는 해돋이를 으뜸으로 꼽을 수 있다.

보리암은 부처님의 모습처럼 우뚝 솟은 관음봉 아래 그 찬란한 해돋이의 바다를 바라보고 있다. 예전에는 보광사에 딸린 작은 암자로 초옥과 같은 작은 규모였으나 간절히 기원하면 한 가지 소원은 꼭 이루어진다는 소문난 기도처가 되어 큰 절처럼 붐비는 곳이 되었다. 법당 안에는 좌우에 남순동자와 해상용왕을 거느리고 있는 관음보살상이 모셔져 있다. 이 보살상은 원효대사가 바다에서 모셔온 것이라고 한다. 세존도 앞바다에 신비한 광채가 빛나 원효대사가 찾아가보니 인도에서 온 배 안에 이 보살상이 있었다는 것이다.

이 설화는 역사적인 사실로 확인할 수는 없지만 불교가 인도에서 해로를 통해 한반도 남부로 직접 전래되었을 가능성을 말해준다. 탑대에 세워진 3층 석탑도 가야 수로왕의 왕비 허황옥이 인도에서 가져온 파사석으로 세운 것이라 한다. 파사석은 인도에만 있는 돌로서 풍파를 잠재우는 신비한 효력이 있어 뱃머리에 싣고 온 것이라고 한다. 그러한 탓에 이 탑은 신비로운 현상을 간직하고 있다. 탑 위에 나침반을 갖다 놓으면 '자기난리'가 일어나는 것이다. 북쪽을 가리켜야 할 나침반의 바늘이 동서남북 어떤 방위도 가리키지 못하고 흔들린다. 그 이유가 정확하게 밝혀지지는 않았지만 이 같은 현상은 탑 안에 부처님의 진신사리가 모셔져 있기 때문이라고도 하고, 탑이 파사석으로 만들어졌기 때문이라고도 한다.

석탑 위에 나침판을 놓으면 바늘이 남북을 가리키지 못하고 흔들린다.

　보리암은 산꼭대기에 자리한 수행처라서 특별한 문화재나 성보를 간직하고 있지는 않지만 이 3층 석탑과 감로수병을 들고 남해바다를 굽어보는 해수관음보살상이 있어 성지다운 거룩함을 느끼게 한다. 해수관음보살상 너머로 보이는 관음봉의 형상은 마치 날아가는 용을 타고 있는 관음보살의 모습과도 같다. 그래서 보리암을 비룡관음보살도량이라고도 한다. 용의 모습이 멀리 대마도 건너 일본 땅을 향하고 있는데, 이것은 보리암의 관음신앙이 왜구들의 침탈을 부처님의 가피력으로 이겨내려 했던 민중들의 호국 신앙으로 승화되어 있음을 말해주는 것이다. 그리하여 보리암 뒤편 금산의 꼭대기에는 봉수대가 있고 부처님과 함께 이 땅의 순결한 대지를 지키려 했던 불길이 타올랐던 것이다

산사의 향기

세상살이에 곤란 없기를 바라지 마라

세상살이에 곤란이 없으면

업신여기는 마음과 사치한 마음이 생기나니

그래서 성인이 말씀하시되

근심과 곤란으로써 세상을 살아가라 하셨느니라

―보왕삼매론

◉ 보리암 찾아가는 길

자가용
남해고속도로 진교나들목에서 진입하거나 하동나들목에서 진입하여 남해대교와 남해읍을 거쳐 상주해수욕장 쪽으로 가다보면 보리암 입구에 이른다.
대진고속도로 사천나들목으로 진입하여 삼천포대교를 지나고 창선도와 지족대교를 거쳐 물미간 해안도로를 따라 상주해수욕장을 지나면 보리암 입구에 이른다.
금산 북쪽 복곡저수지에 제1주차장이 있고 금산 위에 제2주차장까지 승용차는 올라갈 수 있다. 주말이나 휴일에는 제1주차장에서 셔틀버스를 이용한다.

대중교통
서울남부터미널(02-521-8550, 1일 6회 운행, 5시간 소요)에서 시외버스를 이용하여 남해까지 간 후 남해터미널에서 상주, 미조 방면 버스를 타고 가서 보리암 입구에서 내린다.

보리암 전화 : (055)862-6115   주소 : 경상남도 남해군 상주면 상주리

전등사

처마 밑에서 벌받고 있는 나녀상의 비원

전등사는 고려 왕도시절 화려했던 역사를 간직하고 있는 곳이며, 유서 깊은 내력과 함께 얽혀 있는 전설이 많은 절이다. 특히 처마 밑에 벌받고 있는 나녀상에는 부처님의 힘을 빌어 원나라를 물리치려 했던 고려 사람들의 마음이 간직되어 있다.

傳燈寺

서해로부터 불어오는 바닷바람에 고풍스런 절집의 풍경소리가 들려올 것만 같은 섬 강화도는 우리나라에서 다섯 번째로 큰 섬이다. 그러나 육지와 섬 사이가 불과 200~300m밖에 떨어지지 않아 마치 강을 건너는 기분이고, 이 좁은 해협마저 다리가 놓이면서 섬에 대한 향수는 사라지게 되었다.

삼랑성에 자리한 전등사는 국토방위와 고려 왕실의 복을 비는 원찰이었다.

하지만 강화도가 지금까지도 아득한 섬처럼 느껴지는 것은 역사적으로 특별한 사연을 간직하고 있기 때문이다. 단군왕검이 하늘에 제사를 올렸다는 신화가 숨쉬고 있고, 개성과 한양의 관문이었기에 수도방위의 전초기지로서 숱한 풍운의 세월을 감내해야 했다. 더구나 서구 열강이 침탈해오던 시기에는 참혹한 국난의 현장이었다.

바다를 건너오는 외적에게 이곳이 점령당하면 나라의 심장부가 유린당할 처지였고 북쪽 오랑캐가 내려오면 이 섬을 보루 삼아 외로운 항쟁의 불길을 피워 올렸으니 강화도는 한반도 역사의 축소판이라고도 할 수 있다.

그 고난의 세월 속에서도 강화도가 나라의 왕도로서 영광의 흔적을 간직한 적이 있으니 그것은 대몽항쟁기의 역사였다. 1232년 고려 고종 때 몽골이 대병을 거느리고 압록강을 건너오자 무신정권의 실력자 최우는 항전을 위해 강화도로 천도를 단행했다. 바다를 무서워하는 몽골군의 약점을 알아차리고 물길이 험한 강화해협을 이용해 대항하고자 한 전략적 도피였다. 이 전략은 일단 성공하여 몽골의 기병들이 끝내 강화도에는 발을 붙이지 못하였고 강화도가 39년 동안 왕도로서의 세월을 누리게 해주었다.

규모는 작았지만 개성의 왕궁을 본떠 궁궐을 지었으며 궁성 방비를 위해 성곽들도 축성했다. 그리고 어려웠던 전란의 시기였음에도 불구하고 팔만대장경을 주조했고 고려청자를 완성했으며 금속활자를 발명하는 등 찬란한 고려 문화의 정수를 이곳 강화도 시절에 꽃피웠다.

그러나 고려왕조의 끈질긴 항쟁의 보람도 없이 강화도 정부는 내분으로 자멸의 위기에 처하고 만다. 당시 실력자였던 최우가 김인준에게 피

단군의 세 아들이
쌓았다고 전해지는
삼랑성.

살됨으로써 최씨 정권은 몰락하고 강화파(講和波)가 권력을 잡은 것이다. 1260년 드디어 원종이 몽골에 투항하여 개경으로 환도하면서 강화시대는 막을 내리게 되었다.

그 후 삼별초군이 굴욕적인 항복에 반대하여 승화후 온을 왕으로 추대하고 새 정부를 세워 투쟁을 계속하다 장기전을 펼치기 위해 진도로 옮겨가자 강화도는 몽골군과 정부군에 의해 짓밟히게 된다. 왕도로서의 화려했던 역사가 모두 잿더미로 변했고 그 폐허가 20세기까지 계속되었던 것이다. 강화읍의 고려 궁터 건물들과 복원된 일부의 성터는 모두 1970년대에 복원된 것들이다.

궁터와 함께 왕도시절 화려했던 역사를 간직하고 있는 곳으로 길상면 온수리의 전등사를 꼽을 수 있다.

누각 밑을 통과해 오르는 진입공간.

　전등사는 고구려 소수림왕 11년에 아도화상이 창건하였다고 하지만 이 때는 백제의 영토였으므로 확실치가 않다. 강화도로 천도해온 고려 왕실에서 현재의 전등사 터에 임시 궁궐〔假闕〕을 짓고 대불정오성도량(大佛頂五星道場)을 베풀었던 기록으로 보아 아마 이 시기에 전등사의 역사가 시작되었을 가능성이 많다.

　원종 7년(1266년)에 베풀어졌던 대불정오성도량이란 부처님의 가호로 온갖 재난을 물리친다는 믿음으로 당시 백승현이라는 술사(術士)의 참언으로 이루어졌다. 그 내용은 전등사 터와 같이 풍수지리상 오행(五行)이 구비된 명당자리에 가궐을 짓고 기도를 하면 외적이 스스로 물러나고 주변의 나라들이 조공까지 바치게 될 것이라는 다소 허황된 믿음이었다. 지도부의 혼란으로 자멸의 위기에 처한 왕실에서 마지막 수단으로 주술적인 방법까지 동원하여 국운을 연장하고자 했던 것이다.

　전등사 터를 명당이라고 하는 이유는 단군의 세 아들 부소·부우·부여가 쌓았다는 삼랑성(三郎城)에 둘러싸여 있고 또 이곳의 형세가 가마솥 안에 자리잡은 듯 안온한 분위기를 갖추고 있기 때문이다. 산봉우리

대웅보전 처마 밑에서 벌을 받고 있는 나녀상.

가 마치 가마솥을 떠받치는 3개의 다리처럼 생겼다 하여 정족산(鼎足山)이라 부르는 이유도 여기에 있다.

또 강화도의 지관들은 건너편 마니산을 할아버지산, 전등사가 있는 정족산을 할머니산으로 보아 음양의 조화가 잘 갖추어진 형국으로 설명하기도 한다. 마니산의 첨산 봉우리가 남성처럼 우뚝 솟아 있고, 정족산은 여성의 젖가슴과 아기 낳는 곳을 그대로 빼닮았다는 것, 그래서 마니산의 양기가 정족산의 음혈로 흘러오기 때문에 신령스럽기 그지없고 전란에도 피해를 입지 않는 안전한 복지(福地)라는 것이다. 그래서 아이를 낳지 못하는 여인들이 이곳 약사전에서 기도를 하면 영험하다는 이야기도 모두 이런 풍수적 해석에서 비롯된 것이다.

전등사는 유서 깊은 내력과 함께 얽혀 있는 전설이 많은 절이다. 본래 이름은 진종사(眞宗寺)였는데 고려 말 충렬왕 때 왕비 정화궁주(貞和宮主)가 옥등을 시주하면서 전등사로 바뀌었다.

옥등이란 부처님의 법과 진리를 상징하는 것으로 그 원력에 힘입어 국운을 회복하고 왕실의 수복을 기원하고자 했던 고려 사람들의 호국정신이 깃들어 있는 것이다.

전등사는 성터에 둘러싸인 고풍스런 분위기와 함께 풍광이 아름다워 찾는 이의 마음을 포근히 감싸주는데 특히 순례자의 눈길을 끄는 것은 1621년에 새로 지어진 대웅보전으로 그 화려한 솜씨가 조선 후기 대표적인 건축물로 손색이 없다. 특히 법당 내부를 장식하고 있는 수미단·닷집·용·물고기·봉황·연꽃·모란꽃 조각은 정교하기 그지없고 고색 창연한 단청의 빛깔과 어우러져 마치 용궁의 세계에 들어선 듯한 환상적인 분위기를 연출하고 있다.

그런데 이 대웅보전의 지붕 네 귀퉁이의 처마 밑에는 참으로 희한한 모습의 나녀상(裸女像)이 조각되어 있다. 대웅보전 지붕의 무거운 하중을 벌거벗은 모습의 여인상이 떠받치고 있는데, 그 표정이 처절하기도 하고 우스꽝스럽기도 해 비련의 주인공임을 금방 알 수 있다.

여기에는 재미있는 전설이 전해져 내려온다.

조선시대 광해군 때 불에 탄 대웅보전을 중건하던 도편수가 사하촌의 주막집 여인과 사랑에 빠져 노임으로 받은 돈을 모두 그 여인에게 맡겼는데 공사가 끝날 무렵 주막집 여인이 변심해 돈주머니를 가지고 도망가 버렸다는 것이다. 그래서 도편수가 처마 밑에 이 벌받고 있는 나녀상을 조각하여 평생토록 절집의 풍경소리를 들으며 뉘우치게 했다고 한다.

  그러나 전등사의 스님들은 일개 도편수가 부처님의 법당을 지으면서 사사로운 개인의 감정을 앞세워 그런 조각을 하였을 리 없고 호국도량인 전등사의 대웅보전을 수호하는 의미로 사천왕상을 그렇게 조각하였을 것이라고 설명한다. 하지만 이를 사찰의 수호신상으로 보기에는 그 표정이나 분위기가 너무나도 어울리지 않는다. 또 다른 사찰에서는 이러한 예를 찾아볼 수가 없으므로 전등사만이 간직하고 있는 어떤 사연과 결부되어 있지 않을까 하는 생각을 가져보게 된다.

  그 생각이란 자연스럽게 전등사가 역사 속에서 부각되던 때 이 도량을 통해 자신의 간절했던 염원을 기원했을 한 여인의 사연을 떠올리게 한다. 충렬왕비였던 정화궁주가 그 사람이다. 정화궁주는 원나라에 나라를 빼앗기고 남편의 사랑마저 원나라의 제국공주에게 빼앗긴 채 별당에 내몰리어 한 맺힌 세월을 달랬던 비운의 왕비였다. 『고려사』 기록에 보면 정화궁주가 무녀를 시켜 자신을 저주한다는 제국공주의 모함으로 옥에 갇히기까지 했다고 하니 그 마음이 오죽했겠는가.

  어쩌면 이 나녀상은 도편수의 사랑을 배신하고 도망친 주막집의 여인이 아니라 이방인으로서 고려 왕실을 차지하고 오만 방자했을 제국공주를 징벌하기 위해 깎아 놓은 조각은 아니었을까.

  팔만대장경을 주조하고 또 주술적인 방법인 대불정오성도량을 설치하여 부처님의 힘을 빌어 원나라를 물리치려 했던 고려 사람들의 마음이 전등사의 벌받고 있는 나녀상에 간직되어 있는 것은 아닌가 하는 생각을 해본다.

산사의 향기

나막신 신고 산에 오르니 절로 흥이 나는데

전등사 노승은 나의 행차 인도하네

창밖의 먼 산은 하늘 끝까지 벌였고

정자 밑에 부는 바람 물결치고 일어나네

별은 총총히 아득한 오태사를 지나고

구름과 연기는 삼랑성에 아득하다

정화궁주의 원당을 뉘라서 고쳐 세울 건가

벽에 적은 글씨에 쌓인 먼지 내 마음 상하게 하네

—이색

전등사 찾아가는 길

자가용
서울에서 올림픽도로를 이용 48번 국도를 따라 김포로 가거나 352번 제방도로를 타고 가는 방법이 있다. 예전에는 강화대교를 건너 해안순환도로를 따라 갔으나 지금은 김포에서 양촌, 대곶을 지나 초지대교를 건너가는 길이 빠르다. 초지진에서 광성보 쪽으로 가다 좌회전하면 전등사가는 이정표가 나온다.

대중교통
신촌 시외버스터미널에서 아침 5시 40분부터 저녁 9시 40분까지 10분 간격으로 운행하는 강화행 버스(약 1시간 10분 소요)를 타고 시외버스터미널에서 하차한다. 터미널에서 전등사 가는 군내버스나 전적지 순환버스를 이용한다.

전화 : (032)937-0125 주소 : 인천광역시 강화군 길상면 온수리 635번지
홈페이지 www.jeondeungsa.org

청암사

풍경소리처럼 해맑은 비구니의 도량

늦은 오후 창백해진 햇살처럼 산문에 들어서 귀를 적시던 예불소리는 영혼의 음악처럼 깊고 그윽했다. 낭랑하던 목탁소리가 잦아들고 산그늘처럼 고요하게 선정에 들던 스님들은 오래된 관례처럼 무연했고 청암사의 속내는 작은 공화국처럼 평화스러웠다.

青巖寺

青巖寺

여승(女僧)은 합장하고 절을 했다.
가지취의 내음새가 났다.
쓸쓸한 낯이 옛날같이 늙었다.
나는 불경(佛經)처럼 서러워졌다.

　백석 시인이 쓴 〈여승〉이란 시의 한 구절이다. 깊은 산사의 적막한 숲길에서 쓸쓸하게 걸어가는 비구니의 모습을 바라보았을 때 금세 마음속에 번지는 서늘한 풍경이 느껴진다. 물론 수행자들의 삶이 속인들이 생각하는 것보다 훨씬 치열한 경계에 있다는 것을 모르는 바는 아니지만 왜 그런지 먹물 옷에 바랑을 짊어진 채 산길을 걸어가는 비구니 스님의 모습을 보면 한없이 숙연해지고 애틋한 심상에 젖게 된다.
　무명초를 잘라버린 그 파르라한 머리에서 느껴지는 서늘함이란 분명 속세의 그것과는 다르리라. 그것은 미망 속에 갇혀 사는 속인들에게는 새벽 강을 건너온 바람처럼 신선하다. 그리고 꿈꿀 수 있는 가장 아름다운 연모의 삶을 느끼게 한다. 거기에는 번뇌의 끝을 향해 초연히 걸어가는 구도자의 자세가 담겨 있기 때문이다.
　호젓한 산길에서 만나는 운수객은 푸른 산빛을 안고 내려온다. 그의 발길엔 알 수 없는 향기가 묻어 있고 얼굴은 나뭇잎 사이로 쏟아지는 햇

청암사로 오르는 길은 맑고 청신한 기운이 가득하다.

누각에서 청암사의 역사를 설명해주시는 스님.

살처럼 해맑다. 짧게 스쳐 가는 그 순간 속인은 합장을 하고 잠시 수묵처럼 무정해진다. 그리고 꽃잎을 띄우고 가는 시냇물처럼 아득해질 때까지 스님들의 행로를 바라본다.

비구니의 도량 청암사는 오래도록 잊혀지지 않는 절이다. 붉게 물든 나뭇잎이 분분히 흩날리는 만추의 숲길처럼 긴 여운으로 남아 있다. 늦은 오후 창백해진 햇살처럼 산문에 들어서 귀를 적시는 예불소리는 영혼의 음악처럼 깊고 그윽하다. 낭랑하던 목탁소리가 잦아들고 산그늘처럼 고요하게 선정에 드는 스님들의 뒷모습을, 무례를 무릅쓰고 극락전 언덕배기에서 바라보았을 때 스님들은 오래된 관례처럼 무연했고 청암사의 속내는 작은 공화국처럼 평화스러웠다.

청암사는 가야산 단지봉에서 덕유산으로 이어지는 불령산 자락에 자리잡고 있다. 경북 김천시 증산면 평촌리. '산 속의 울릉도'라 불리는 외진 곳인데 절집은 오래된 그리움처럼 정갈하다. 맑은 시냇물소리에

인현왕후의 비원
이 서린 보광전의
42수 관음상.

　귀를 씻고 산문에 들면 아름드리 청송이 늘어선 자리에 소슬하게 일주문이 서 있다. 우리 산사에 이렇게 아름다운 길이 남아 있다는 것만으로도 청암사는 빛이 난다. 청정하게 누워 있는 그 길은 이끼 낀 푸른 바위처럼 신령한 자취를 지니고 있어 불령동천(佛靈洞天)이라 부른다.
　신라 헌안왕 3년(859년) 도선국사가 창건했고, 1647년 조선시대 인조 때 화재로 불타버린 후 허정대사가 중건했다. 그 후 숙종의 둘째 왕비인 인현왕후가 장희빈의 무고로 폐서인이 되었을 때 청암사 보광전에서 기도를 드렸던 인연으로 왕실의 후원을 받게 되었다. 청암사는 조선시대 말기까지 상궁들이 내려와 신앙생활을 하던 곳으로 유명했는데 고종 때 큰 화재가 있어 소진되었다. 지금의 모습은 1911년 대운스님이 영친왕의 보모상궁이었던 최송설당의 시주로 중창한 것이다. 그래서 절 입구 암벽에는 송설당이란 붉은 글씨가 뚜렷하게 새겨져 있다. 당시 대운스님은 중국 항주의 영은사에서 석가모니불을 조성해 왔는데 그때 한 번도 땅에 내려놓지 않고 지극한 마음으로 모셔왔다는 부처님이 대웅전에 모셔져 있다.

일주문을 지나 천왕문에 들어서면 고색 짙은 사적비와 고승들의 비가 줄지어 서 있다. 소진했던 청암의 맥을 일으켜 세웠던 중창주와 이름높았던 강백들의 자취이다.

청암사는 조선시대 영조 때의 대강백인 회암 정혜스님 이후 우리나라

소가 누워 있는 형국의 명당자리에 옹기종기 자리 잡은 대웅전 지역.

교학 불교의 전당이 되었던 곳이다. 근세에는 박한영스님이 주석해 수많은 학승들이 운집했고, 고봉스님이 머무르던 1970년대까지만 해도 전통강원으로서의 맥을 이어왔으나 그 뒤로 쇠퇴하였다.

1987년도에 지형스님과 상덕스님이 열 여섯 학인들과 함께 이곳을 찾아 왔을 때만 해도 청암사는 갈치를 판 돈과 고시생들의 하숙비로 연명할 만큼 폐사 지경이었다고 한다.

그러던 곳을 비구니 스님들이 팔을 걷어붙이고 구석구석 허물어져 가는 가람에 불사를 시작해 천년 가람의 역사를 되살려 냈다. 진영각과 육화료를 보수하고 중현당, 선열당, 극락전을 중수하며 범종각을 세우고…. 어느 것 하나에도 스님의 손길과 눈길이 머물지 않은 것이 없다. 지붕에 기와를 얹을 때는 수십 통의 흙을 져 올리고 기왓장을 덮은 일꾼도 청암사의 학인 스님들이었다. 어디 그뿐인가. 감자 캐고 삽질하며, 돌담 쌓고 목탁을 치면서 반농반선(半農半禪)의 가풍으로 오늘의 청암사를 일구어 냈다.

이 모두가 시절 인연을 만난 탓일까. 도선국사가 처음 절을 세울 때 와우형국으로 지었다고 한다. 대웅전을 비롯한 여러 전각들은 소의 배 부분에 안치했고, 소의 다리에 해당되는 곳에 4개의 다리를 놓아서 건너다니게 했다. 또 소의 콧구멍에서 쏟아지는 우비천(牛鼻泉)을 생명수로 삼았다. 그래서인지 와우형국에 자리잡은 청암사는 그 지덕만큼이나 부지런한 스님들의 도량이라는 것이다.

맑은 물이 쏟아져 내리는 계곡을 건너 바위틈을 거슬러 오르면 단아한 모습의 청암사 도량이 낯을 내민다. 청암이란 이름만큼이나 눈 푸른 140여 명의 학인 스님들이 청정한 수행의 가풍을 이루고 있다. 육화료

보광전 뒤뜰의 담장과 대나무숲이 멋스럽다.

대방 앞에 가지런한 하얀 고무신만 보아도 알 일이다.

  육화료(六和寮)는 깨달음을 구하고 깨끗한 행을 닦되, 서로 친절하고 경애하는 여섯 가지 법으로서 화합하여 사자굴 안에서는 모두 사자가 되고, 전단나무숲에서는 순전히 전단나무가 되어야 한다는 정신이다. 그 맑은 눈빛으로 불령산의 산빛은 사철 푸른 기운이 넘치고 먼발치에서 그 풍경을 바라보는 것만으로도 속인의 마음은 행복하다.

산사의 향기

저 산밑의 한 조각 해묵은 밭을

왜 그토록 즐기느냐 노인에게 물었더니

몇 번이나 팔았다가도 다시 산 것은

대 숲과 소나무의 맑은 바람 때문이라오.

—법연선사

◉ 청암사 찾아가는 길

자가용
경부고속도로 김천나들목에서 거창 방면 3번 국도를 타고 가다 대덕면 소재지 LG 주유소에서 좌회전하여 30번 국도를 타고 가릿재를 넘으면 청암사 이정표가 보인다.

대중교통
김천에서 지례, 대덕을 거쳐 청암사 입구를 지나 증산으로 가는 버스가 하루 5회 있다.
(7:35, 8:35, 11:30, 14:00, 15:00)
증산에서 청암사까지 택시를 이용한다.

전화 : (054)437-0038
주소 : 경상북도 김천시 증산면 평촌리 688
홈페이지 www.chungam-sa.or.kr

일지암

초의선사가 일으켜 세운 차문화의 성지

산 속의 한 칸 띠집에 머물면서 구름과 달, 그리고 한줄기 바람을 벗삼아 살았던 초의선사는 차 한 잔의 마음, 차 한 잔의 깨달음이라는 독특한 선일미 사상을 통해서 쇠퇴해가던 차문화를 일으켜 세웠다.

깊고 그윽한 골짜기를 지나 두륜산 남쪽의 산마루에 오르면 오막살이 같은 작은 암자에 이르게 된다. 대흥사 남쪽 산봉우리에 앉아서 북향을 하고 있기 때문에 유난히 겨울이 길고 거센 바람이 휘몰아친다는 곳 일지암. 이곳은 서산대사의 뒤를 이어 13대에 걸쳐 최고의 선지식을 베풀었던 대흥사 문중의 마지막 봉우리 초의선사가 머물렀던 곳이다.

하필이면 가파른 산길을 치올라서 북향의 드난살이를 자처했는지 알 수 없지만 일지암이란 당호에서 그 뜻을 헤아려 볼 수 있다. 일지(一枝)는 "뱁새도 언제나 한마음으로 살기 때문에 나무 끝 한 가지에 살아도 편안하다."는 중국의 스님 한산(寒山)의 시에서 따왔다. 북쪽을 바라보는 거칠고 황량한 터야말로 수행자에게는 게으름을 쫓을 수 있는 용맹한 수행처가 되고, 바람에 흔들리는 나뭇가지 끝에 온 마음으로 앉아 있는 한 마리 새처럼 그 길을 가고자 했던 구도자의 마음을 담고 있는 것이다.

선사는 이곳에서 자신의 호를 초의(草衣)라 하고 나무뿌리와 열매로 배를 채우고 솔잎과 풀옷으로 몸을 가리며 81세로 입적할 때까지 40년의 세월을 독처지관(獨處止觀)했다.

홀로 머물며 고요하게 바라보는 애끓는 모색을 멈추지 않았던 독처지

초의선사가 40년 동안 수행했던 일지암.

관의 세월, 선사의 고적한 수행생활에는 향기로운 동반자가 있었는데 그것이 바로 차(茶)이다.

산 속의 한 칸 띠집에 머물면서 구름과 달, 그리고 한줄기 바람을 벗삼아 살았던 선사는 차 한 잔의 마음, 차 한 잔의 깨달음이라는 독특한 다선일미(茶禪一味) 사상을 통해서 쇠퇴해가던 차문화를 일으켜 세웠다.

그리고 우리나라 차문화의 고전이랄 수 있는 『동다송(東茶頌)』, 『다신전(茶信傳)』을 썼다. 『동다송(東茶頌)』은 정조의 부마였던 해거도인 홍현주의 부탁으로 우리 차의 우수성과 아름다움을 예찬한 것이고, 『다신전』은 차의 재배에서 제조와 마시는 과정까지를 낱낱이 밝혀 설명한 책이다.

무릇 차란 무엇인가. 차는 그 맑고 그윽한 향기와 빛깔과 맛으로 하여 동양 정신의 집대성이라 할 수 있다. 그래서 단순히 음료수나 기호식품으로만 그 의미를 설명할 수 없다. 한마디로 요약하면 수행자들을 깨달음의 세계로 이끌어주는 도반과 같은 존재가 바로 차이다.

차의 연원을 살펴보면 멀리 전설의 시대까지 거슬러 올라가지만 4~5세기경 양쯔강 유역에서 살았던 사람들이 애호하기 시작했고, 다도의 성립은 육우(陸羽)가 펴낸 『다경(茶經)』으로부터 줄기를 이룬다.

우리나라의 경우 신라 말 흥덕왕 때 김대렴이 당나라에서 차나무와 씨를 가져와 지리산 골짜기에 처음 심었다고 하는데 이 시기가 선종의 유입과 함께 차문화가 크게 융성했던 때이다.

차가 지닌 그 맑고 깨끗한 기운은 불가에서 말하는 깨달음의 오묘한 세계와 통하는 것이 되어 흔히 선가에서는 "차나 한 잔 마시게."라는 활구를 만들어내기까지 했다. 그러나 조선시대로 접어들면서 불교의 쇠

자우산방에서 다담(茶談)을 나누시는 스님들.

일지암 뜨락에
핀 차꽃.

퇴와 함께 차문화는 시들해졌지만 초의선사를 만나서 그 불씨가 다시 피어오른 것이다.

초의선사는 15살 때 나주 운흥사에서 출가했고, 19살 때 월출산에 올라 바다 위에 떠오르는 황홀한 달을 보고 깨달음을 얻었다. 그 후 대둔사(훗날 대흥사)에서 구족계를 받고 각지로 다니면서 운수행각을 하다가 24살 때 다시 대둔사로 돌아와 유일(有一) 대종사로부터 선지(禪旨)를 이어받았다.

초의선사는 늘 모든 법이 서로 다르지 않으며 평상심이 바로 도라고 가르쳤고 선이나 교 어느 하나만을 강조하지 않았다. 이러한 선사의 선사상은 흔히 다선일미(茶禪一味)나 불이선(不二禪)으로 불리는데, 추사 김정희의 부친 김노경과 나눈 차에 관한 대화 속에서 그 경지가 잘 드러난다.

어느 날 김노경이 초의선사를 대면하고 "차를 마시는 궁극의 목적은 무엇으로 삼는가?"라고 묻자 초의선사는 이렇게 대답했다.

"차는 홀로 마시는 것을 으뜸으로 칩니다. 홀로 마시고 있노라면 만감이 교차하고 이윽고 교차하는 만감이 차차 줄어듭니다. 그러면 맨 나중에 남는 것은 공허뿐입니다. 그 공허를 조이면 성찰이 생깁니다. 그것

헌공다례에 올린 일지암 유천의 물을 길어가는 의식.

은 모두 명상의 과정에서 비롯됩니다. 그래서 차를 명상문화의 일종이라고 하고 선(禪)의 발판이라고도 할 수 있으며 다인들이 차를 즐기는 궁극의 뜻이라 하겠습니다." 이렇듯 초의선사에게 차와 선은 별개의 것이 아니었으며 차 한 잔을 마시는 데에서도 법희와 선열의 경지가 있었다.

또 초의선사는 차를 통해서 당대를 풍미했던 뛰어난 석학들과 향기로운 만남을 가졌다. 다산초당의 정약용을 비롯해 추사 김정희, 해거도인 홍현주, 자하 신위, 위당 신관호, 소치 허유 등과의 청교(淸交)는 승속의 구애가 없던 아름다운 만남이었다. 그 가운데에서도 동갑내기였던 추사 김정희와의 우정은 제주도 유배지에서 보낸 추사의 편지글에 숨김없이 드러나 있다.

"나는 스님을 보고 싶지도 않고 또한 스님의 편지도 보고 싶지 않으나

해마다 10월에 열리는 초의문화제에서 차를 올리고 동다송을 암송하고 있다.

다만 차와의 인연만은 끊어버리지 못하고 쉽사리 부수어 버리지도 못하여 또 차를 재촉하니 편지도 필요 없고 다만 두 해의 쌓인 빚을 한꺼번에 챙겨 보내되 다시는 지체하거나 빗나감이 없도록 하는 게 좋을 거요."

이러한 꾸밈없는 마음을 주고받을 수 있었던 우정이었기에 추사가 선사의 차를 받고 답으로 써주었던 글씨 명선(茗禪 : 차를 마시며 삼매에 든다)과 같은 걸작이 탄생되었던 것이다.

그러나 조선 후기 우리나라 차문화의 성지가 되었던 일지암은 선사가 입적한 후 세인들의 발길이 끊어지면서 허물어진 옛터가 되어버렸다. 현재의 모습은 지난 1979년에 복원한 것이며 용운스님, 여연스님으로 이어지는 후학들이 그 정신을 계승하고 있다.

　초의선사가 머물던 일지암이 복원되었으며 연못 위에 그림자를 드리운 자우산방(紫芋山房) 누각이 멋스럽고, 작은 법당도 마련되었다. 산비탈의 야생 차밭은 여전히 푸르고 암자 뒤편에 유천(乳泉)은 예전 그대로 맑고 차며 부드러운 물맛을 선사한다. 초의선사가 다선삼매에 들던 다감(茶龕)이라 새겨진 돌방석도 그대로이다. 다만 세월만이 변한 것이다. 일지암에 드나들며 가르침을 받았던 소치는 당시 스승의 모습을 이렇게 술회한 적이 있다.

　"선생이 머무는 곳은 두륜산 꼭대기 아래다. 소나무숲이 깊고 대나무 무성한 곳이며 몇 칸 초옥을 얹었다. 늘어진 버들이 처마에 닿고 들꽃이 섬돌에 가득 차서 그늘이 뒤엉켜 있다. 뜨락 가운데에는 아래위로 못을 파고 처마 아래에는 크고 작은 물통을 놓아두었는데, 대쪽을 연결해서 멀리서 구름 비친 샘물을 끌어온다. 기둥마다 주련이 걸려 있는데 그 시구가 매우 맑고 고상하여 담박하고 우아하며 속된 기운이 없다. 눈 내리는 새벽이나 달이 뜬 밤이면 시를 읊으며 흥을 견디곤 하였는데 향기가 일어나는 차가 한창 끓으면 흥이 내키는 대로 거닌다."

　오늘날 그 누가 있어 옛 주인의 풍류를 이어 가리오 마는 상상하는 그 정경만으로도 일지암은 우리에게 꿈의 영토처럼 아름답다.

　저녁 안개 내리는 두륜산 자락을 내려가야 하는 길손의 등뒤에 알 수 없는 정적만이 흐르고 있다.

산사의 향기

구름 흩어진 빈 골짜기 산은 더욱 은은하고

고즈넉한 숲 속에는 물소리만 졸졸졸

한 줄기 맑은 노래 바위 사이로 울려 퍼지니

인간사 갖은 번뇌 모두 씻겨 나가네

- 초의선사

◉ 일지암 찾아가는 길

자가용

호남고속도로 광산나들목으로 진입하여 13번 국도를 이용 나주, 영암을 지나 해남읍에서 대흥사 방면 이정표를 보고 찾아간다.
서해안고속도로 목포나들목으로 진입 영산강 하구둑과 해남 산이면을 지나 해남읍에서 대흥사 방면 이정표를 보고 찾아간다.
대흥사에서 두륜봉 방향 등산로를 따라 7백m쯤 오르면 갈림길이 나오고 여기서 오른쪽 언덕길을 2백m쯤 가면 일지암이다.

대중교통

서울 강남고속터미널에서 해남까지 가는 고속버스를 타고 내려가 해남터미널에서 대흥사 가는 군내버스를 이용한다.

전화 : (061)533-4964
주소 : 전라남도 해남군 삼산면 구림리 799번지
홈페이지 : www.daeheungsa.com

칠장사

일곱 명의 도적이 깨우쳐 현인이 되다

도둑떼와 현인의 경계가 모호한 절 칠장사. 어제의 마음은 악마의 마음이었을지라도 오늘의 마음은 보살의 마음이 되는 경계, 보살과 악마가 백지 한 장 차이라는 것을 보여주는 경계에 칠장사가 있다.

경기도 안성의 칠현산(七賢山)은 해발 516m로 그리 높지 않은 산이지만 아담하면서도 후덕한 기운이 넘치는 산이다. 한남정맥과 금북정맥이 갈라지는 분기점에 솟아 있어 경기도와 충청도 일대의 여러 산줄기에 닿아 있고 안성 일대의 넓은 평야지대를 거느리고 있어 그 음덕이 예사롭지 않다.

예전에는 이 산을 아미산(蛾嵋山)이라 불렀다. 흙이 두터운 육산에다 부드럽게 넘어가는 산세가 마치 미인의 눈썹처럼 생겼기 때문이다. 그런데 이 산은 삼남대로와 가까워 상인들의 왕래가 빈번했고 골짜기가 깊고 숲이 울창하여 도둑떼들의 소굴이었다고 한다. '중원7악'이라 불리던 7명의 도둑이 이곳에 산채를 마련하고 활동했는데 이들은 훗날 혜소국사에게 감화되어 모두 현인이 되었다. 그 후 7명의 도둑이 현인이 되었다고 해서 산 이름이 칠현산으로 바뀐 것이다.

칠현산 기슭에 세월을 잊은 듯이 고즈넉하게 자리잡고 있는 칠장사는 바로 그 일곱 도둑의 전설로 유명한 절이다. 신라 선덕여왕 5년(636년) 자장율사가 창건했다고 전해지지만 그 시절의 자취는 남아 있지 않고 오직 전설 같은 이야기만 바람처럼 전해지고 있다.

몇 년 전까지만 해도 산골 마을의 궁색한 소로를 지나느라 숨이 가쁠 지경이었는데 지금은 들판을 질러가는 큰 길이 뚫려서 격세지감이다.

먼저 사하촌 입구에 서 있는 11기의 부도를 보고 산문에 오르면 우뚝 선 철당간이 반긴다. 철당간은 사찰을 상징하는 깃발을 내거는 기물인데 이처럼 원형이 남아 있는 예는 몇 곳이 안 된다. 본래는 28층의 마디가 하늘을 찌를 듯했으나 지금은 14층까지만 남아 있다. 긴 골짜기에 위치한 칠장사 터가 배 모양과 같아서 안전한 항해를 위해 돛대로 세운 것이다.

은행나무가 늘어선 일주문을 지나 천왕문에 들어서면 사천왕이 고색 창연한 표정을 짓고 있다. 수미산 중턱에서 부처님을 외호한다는 이들은 본래 인도의 토착 신들이다. 동방의 지국천왕, 남방의 증장천왕, 서방의 광목천왕, 북방의 다문천왕 모두가 제석천의 명을 받아 가람을 수호하며 사악한 무리들이 부처님의 도량을 범하지 못하도록 지키고 있다.

눈내린 날 인적이 끊긴 칠장사는 적막강산처럼 고요하다.

진흙을 빚어 만든 사천왕상은 조선 후기에 조성된 걸작이다.

　칠장사 사천왕은 진흙으로 빚어진 소조상이다. 나무로 얼기설기 뼈대를 만들고 거기에 진흙을 이겨서 만든 것인데 그 표정과 세부 묘사가 정교하고 사실적인 아름다움을 갖추고 있다. 험상궂은 표정을 짓고 있는 것 같지만 자세히 들여다보면 입가에 잔잔한 미소가 감돌고 있다. 화려한 보관과 정교한 갑옷의 무늬, 그리고 부드러운 옷자락의 표현에 이르기까지 세월의 풍화에 낡고 빛이 바래긴 했지만 엄숙하면서도 친근한 분위기가 배어 나오는 수작이다.

　천왕문을 넘어가면 대웅전을 비롯한 원통전, 명부전, 요사채가 늘어선 경내이다. 산기슭에 엉덩이를 바짝 기대고 있는 모습의 대웅전은 조선 말기 고종 때 중건된 건물이다. 정면 3칸, 측면 3칸의 다포계 공포를 갖춘 맞배지붕의 건축으로 화려하면서도 단정한 무게를 지니고 있다. 퇴색한 단청과 목질이 그대로 드러난 기둥은 고풍스러움이 한껏 배어 나온다.

대웅전에서 원통전을 지나 단풍나무 숲길의 산비탈을 올라가면 오늘의 칠장사를 있게 한 혜소국사의 비가 서 있다. 임진왜란 때 파괴되어 현재는 비석, 귀부, 이수가 흩어져 있는데 탑비의 측면에 조각된 여의주를 희롱하는 쌍룡의 문양은 정교하고 사실적이어서 고려 불교문화의 전성기에 제작되었음을 알 수 있다.

전설에 따르면 임진왜란 때 왜장 가토 기요마사(加藤淸正)가 북상하다가 칠장사에 들어와 행패를 부렸는데 이때 한 노승이 나타나서 신성한 법당을 더럽히지 말고 썩 물러가라고 호통을 쳤다고 한다. 이에 화가 난 가토가 칼을 빼어 노승을 내리치자 스님은 온데 간데 없고 비석이 갈라지면서 피를 흘리고 있었단다. 혜소국사의 넋이 나타나 가람을 수호한 것이었고 이를 본 왜병들이 혼비 백산 하여 달아났다고 한다.

오늘의 칠장사를 있게 한 전설 속의 주인공인 혜소국사(慧炤國師, 972~1054년)는 안성 출신으로 고려 초기 문종 때 왕사에까지 올랐던 유가종의 큰스님이었다. 혜소는 시호이고 생전의 법명은 정현(鼎賢)이다. 칠장사에서 출가하여 나라의 사표가 되는 국사에까지 올랐는데 82세 되던 해 초년의 꿈이 담긴 칠장사로 돌아와 머무르다 열반에 들었다.

현인이 되었다는 칠장사 일곱 도둑의 이야기도 이때의 일화로 추정된다. 그 때 칠장사는 포악한 일곱 도둑의 활동으로 피폐해졌는데 도둑들의 산채가 있는 곳으로 혜소국사가 돌아온 것이다. 도둑들은 자신들의 근거지에서 혜소국사를 쫓아내기 위해 한 사람씩 대표를 뽑아서 절로 올려 보냈다. 그런데 절에 올라갔던 도둑은 약수터에 금으로 만든 바가지가 떠 있는 것을 보고 욕심이 나 물을 마시는 척하다가 훔쳐 가지고 돌아왔다. 두 번째, 세 번째, 네 번째 … 일곱 번째 도둑까지 모두 혜소국사를 쫓아내려고 갔다가 금 바가지만 훔쳐서 돌아왔다. 그렇지만 웬일인지 금 바가지는 집에만 갖다 놓으면 감쪽같이 사라져버렸다. 도둑 중의 한 사람이 이를 괴이하게 여겨 고백하니 다른 여섯 도둑도 자신이 경험한 똑같은 사실을 실토하게 되었다. 도둑들은 이 일이 혜소국사의 신통력에 의한 것임을 알게 되었고 모두 그의 도력에 감화되었다. 그래서 머리를 깎고 제자가 되어 열심히 수행을 하여 큰 도인이 되었다는 것이다.

이 이야기를 증명이라도 하려는 듯 혜소국사 비전 옆에는 조그마한 나한전(羅漢殿)이 있다. 그 안에는 일곱 도둑의 현신이라는 나한상이 모셔져 있다.

일곱 도둑의 현신이라는 애기 나한.

그런데 칠장사 나한상들은 여느 절처럼 속탈한 노승들의 모습으로 조각된 것이 아니라 천진스런 동자의 형상이다. 붉은 방석 위에 웃음이 절로 나올 정도로 귀여운 모습으로 옹기종기 앉아 있는데 나한상 주변에는 과자 봉지가 가득 쌓여 있다. 아주 오랜 옛날부터 이 나한상들은 시험에 영험하다고 소문이 났기 때문이다. 그래서 지금도 시험을 앞둔 사람들이 합격을 기원하며 과자를 바치고 가기 때문에 나한전은 온갖 종류의 과자들로 넘쳐나고 있다. 조선시대에는 과거시험을 보러 올라가던 삼남지방의 선비들이 조청으로 과자를 만들어 와 애기 나한들에게 기원을 드렸고, 급제했을 경우에는 그 은혜에 보답하기 위해 한양에서 과자를 구해 와서 정성껏 바치곤 했다는 것이다.

눈 쌓인 소나무가
우산처럼 드리워진
나한전.

7인의 도둑뿐만 아니라 그 후로도 칠장사는 도둑떼와 인연이 깊은 도량이다. 장길산, 홍길동과 더불어 조선시대 3대 의적으로 일컬어지는 임꺽정의 활동무대로 알려졌기 때문이다. 실제 역사 속에서 임꺽정과 칠장사가 얼마나 깊이 관련을 맺고 있는지는 모르지만 1920년대 현장

답사를 토대로 쓰여진 홍명희의 소설『임꺽정』은 칠장사를 임꺽정과 부하들이 의형제를 맺은 곳으로 묘사하고 있다.

　임꺽정은 황해도 청석골을 근거지로 서울과 양주·안성 등 경기도와 평안도, 강원도 등 여러 곳을 옮겨 다니며 탐관오리와 악독한 토호들을 응징하는 활동을 벌인다. 그러던 중 길막봉을 구하기 위해 안성에 왔다가 평소 스승으로 모시던 갖바치 병해대사를 뵙기 위해 칠장사에 들른다. 그러나 스님은 얼마 전에 세상을 뜬 뒤였고 슬픔에 잠겨 있던 임꺽정은 스님을 기리기 위해 목불(木佛)을 조성하고 그 앞에서 부하들과 결의형제를 맺는다. 그 후로 이 목불은 백정부처라 불렸고 영험하다는 소문이 나 불공을 드리는 사람들이 밤낮으로 줄을 이었다고 한다.

　이리하여 칠장사는 도둑떼와 현인의 경계가 모호한 절이 되었다. 석가모니 부처님이 희대의 살인마 앙굴리말라를 제도하여 황야의 탁발승이 되게 하였듯이 혜소국사는 7인의 도둑들에게 창과 칼을 내려놓고 현인이 되게 하였다. 그리고 병해대사는 더 큰 도둑의 마음을 가르쳐 한 영웅에게 세상을 구제토록 했다. 어제의 마음은 악마의 마음이었을지라도 오늘의 마음은 보살의 마음이 되는 경계, 보살과 악마가 백지 한 장 차이라는 것을 보여주는 경계에 칠장사가 있다.

사찰의 깃발을 내걸었던 철당간.

산사의 향기

바닷 속의 진흙 소는 달을 물고 달아나고

바위 앞의 호랑이는 이무기를 안고 졸고 있네

무쇠로 만든 뱀은 금강역사의 눈 속을 뚫고 드니

곤륜산이 코끼리를 타고 저 고새가 몰고 가네

-칠장사 대웅전 주련

칠장사 찾아가는 길

자가용
중부고속도로 일죽나들목으로 진입하여 38번 국도를 따라 죽산을 지나 두현 삼거리에서 진천 방면 17번 국도를 따라 4.6km쯤 가면 안성 컨트리클럽이 나오고 이 부근에서 이정표를 보고 우회전 4.5km쯤 가면 칠장사에 이른다.

대중교통
서울 남부터미널에서 진천행 버스를 탄다. 죽산에서 내려 칠장사 가는 버스를 이용한다(1일 4회 운행).

전화 : (031)672-7777
주소 : 경기도 안성군 죽산면 칠장리 764번지

쌍봉사

철감선사의 자취가 서린 사자산문의 발상지

천년의 역사를 간직한 쌍봉사는 오지의 마을, 긴 골짜기를 지나 댓잎 같은 작은 들이 끝나는 곳에 자리잡고 있다. 한때는 시대를 호령했던 선종의 대가람이었지만 지금은 잊혀진 지 오래고 시골집처럼 소박한 가람이다.

벼들이 무럭무럭 자라고 있다. 8월의 폭염도 아랑곳하지 않는 벼포기들이 넘실넘실 춤을 추고 있다. 들판은 온통 진초록으로 물들어 어디를 둘러보아도 풍성하다. 농부들의 알뜰한 꿈이 자라고 있는 여름 들판이야말로 사계절 중 가장 힘차고 아름답다. 소낙비가 스치고 천둥이 울고 가는 이 무더운 절기 속에서 피땀 어린 농부들의 꿈과 노래가 있기에 세상의 영화도, 향기로운 정신도 꽃필 수 있었다.

신라 말 구산선문 중의 하나인 사자산문의 발상지 쌍봉사.

신라 말 구산선문 중의 하나로 천년의 역사를 간직한 화순 쌍봉사는 오지의 마을, 긴 골짜기를 지나 댓잎 같은 작은 들이 끝나는 곳에 자리 잡고 있다. 산은 사자산이라 불리지만 이름처럼 높거나 우람하지 않다. 무등산에서 갈려 나온 한 줄기가 멀리 서남해의 바다를 연모하여 치렁치렁한 머리채를 풀어놓은 듯 깊을 뿐이다. 한때는 장흥의 보림사, 곡성의 태안사, 남원의 실상사와 함께 후삼국시대를 호령했던 선종의 대가람이었지만 지금은 잊혀진 지 오래고 시골집처럼 소박한 가람이다.

전설에 따르면 쌍봉사 절터에는 만금의 부자가 살았다고 한다. 당나라에서 유학하고 돌아온 철감선사가 이곳을 둘러보니 물줄기는 남에서 북으로 역류하고 용이 구름을 타고 하강하는 듯한 기상을 지니고 있었다. 뒷산은 사자가 누워 있는 형상이요, 집터는 범선의 형상이었다. 철감선사는 집터의 기운이 강해서 흉변에 시달리고 있는 주인에게 아랫마을에 좋은 터를 잡아주고 이곳에 불도량을 세우게 했다. 그리고 3층 목탑을 세워 범선에 돛을 단 형상을 하게 하니 구름처럼 선객들이 모여들었다. 사자의 혓바닥 자리에서 솟아나는 샘물을 마시고 깨우친 사람이 많아서 독립된 산문을 이룩할 정도로 저절로 법화가 융성했었다.

철감선사는 6두품 이하의 향족 출신으로 법호가 쌍봉이다. 신비한 빛이 방안을 가득 채우는 태몽을 안고 16개월 만에 태어났다고 한다. 18살 되던 해 김제 모악산 귀신사에 출가해 10년 동안 화엄학을 공부했고, 28살 되던 해 중국으로 건너가 마조 도일의 제자 남전 보원선사를 찾아가 법을 인가 받았다. 남전 보원선사가 "우리 사찰의 법인이 동국으로 돌아가는구나." 하고 탄식할 정도로 선지(禪旨)가 높았다고 한다.

지금은 대웅전으로 사용하고 있는 3층 목탑.

신라로 돌아온 철감선사는 쌍봉사에서 주석하며 수많은 제자들을 길러내고 경문왕 8년에 열반에 들었다. 생전에 그의 덕망을 따르는 사람들이 많자 경문왕은 철감선사를 왕궁으로 불러들여 스승으로 삼았고, 사후에는 철감국사라 시호를 내렸다. 그의 종풍을 제자 징효대사가 이어받아 영월의 흥녕선원으로 터를 옮기고 사자산파의 법맥을 이어갔다.

고려시대에는 최씨 무신정권의 3대 집정관인 최항이 이곳에 머무르며 세도를 부렸다는 기록이 있고, 조선시대에는 사하촌 양씨 가문에 눌려 양팽손을 모신 죽수서원에 예속된 사찰로 전락하기도 했다. 정유재란 때는 왜병들의 방화로 불에 탔고, 인조 때 중건하여 사세를 이어왔으나 오랫동안 칡넝쿨 속에 덮여 한미했었다. 근래에 관해스님이 주석하면서 그 모습을 일신하여 맑고 단아한 도량이 되었다.

쌍봉사에서 가장 먼저 눈에 들어오는 것은 3층 목탑으로 지어진 대웅전이다. 우뚝 솟아 있어 법당으로 쓰기엔 비좁고 탑이라 하기엔 이색적인데 원래 목탑이던 것을 당우로 고쳐 사용했기 때문에 특이한 모습을 하고 있다. 대웅전 안에는 원만상의 부처님과 그의 으뜸 제자 아난과 가섭 존자가 서 있다.

이 건축은 법주사 팔상전과 함께 우리나라 목탑의 역사를 알려주는 소중한 유물로 지난 1984년 불에 탄 것을 새로 복원한 것이다. 사월 초파일을 앞두고 아랫마을 할머니가 촛불을 켜 놓은 것이 잘못되어 불이 붙었다. 마침 지나가던 농부가 이를 보고 양은솥을 머리에 쓰고 불길 속으로 뛰어들어가 불상을 구해냈다는 일화가 있다. 이 불상은 아무리 힘센 장정일지라도 혼자서는 들 수 없는 무게인데, 농부가 불길 속에서 혼자 모셔 내왔다고 하니 새삼 신앙심에서 우러난 인간의 힘이 얼마나 신비로운

가를 깨닫게 해준다. 농부도 자신의 힘이 믿기지 않아 다시 이 불상을 옮기려 했을 때는 꿈쩍도 하지 않았다고 한다.

배 모양의 긴 골짜기에 돛폭처럼 펼쳐진 목탑은 새로 복원하면서 3층의 팔작지붕을 사모지붕으로 바꾸어 놓아 옛 모습에 비해 고풍스러운 맛이 떨어진다. 1962년 해체 수리할 때 본디 사모지붕이었던 것을 확인하였기에 원형을 찾아 복원한 것이라 한다.

대웅전 뒤편에는 장방형으로 잘 다듬어진 석축이 있어 화려했던 옛 시절의 자취를 말해준다. 그 위에 단풍나무 두 그루를 멋스럽게 거느린 극락전이 있다. 그 옆에는 뛰어난 조각 솜씨를 자랑하는 지장보살상과 시왕상, 인왕상 등이 모셔진 명부전이 있다. 특히 왼손을 허리춤에 대고 오른손 주먹을 쳐든 인왕상이 인상적이다. 머리 뒤로 둘러쳐진 천자락이 타오르는 불꽃 모양으로 처리되어 있다.

전각들을 둘러보고 대밭을 지나 야생 차밭을 따라 오르면 높다란 산언덕에 눈부시게 아름다운 부도탑이 서 있다. 비록 상륜부는 없어지고 지붕돌 추녀가 깨져 손상은 갔지만 감탄사가 절로 나오는 철감선사의 부도이다. 우리나라 부도 중 최고의 걸작으로 과연 천년 전에 돌을 깎아 조각한 것인지 의심이 들 정도로 섬세하게 조각되었다.

기단부에는 구름과 용·사자를 돋을새김 했고, 화려한 연꽃과 가릉빈가를 새겼다.

가릉빈가는 극락에 산다는 상상 속의 새로서 상반신은 인간의 모습을, 하반신은 새의 모습을 하고 있

명부전의 인왕상.

우리나라 부도탑 중 최고의 걸작으로 꼽히는 철감선사 부도.

는데 비파·피리·바라 등 여러 악기를 연주하는 모습이다.

8각형 몸돌에는 앞뒤로 자물통이 달린 문비(門扉)를 새기고 그 좌우로 사천왕상을, 나머지 두 면에는 비천상을 새겼다. 사천왕상은 갑옷과 무기 등을 들고 있는데 표현은 단순하지만 아주 사실적이다. 그리고 몸돌의 각 귀퉁이에는 배홀림으로 만든 둥근 기둥을 세웠는데 이 부도가 목조건축을 본떠 만들어진 것임을 보여주는 예이다. 지붕돌에는 기와 끝에 암막새, 수막새를 표현하고 막새 기와에 여덟 잎의 연꽃 무늬까지 새겨 넣었다. 손톱만한 크기임에도 8개의 꽃잎을 치밀하게 새겨 놓은 솜씨가 신기할 따름이다.

이처럼 나무판에 조각하듯 한 땀 한 땀 섬세하게 문양을 새겨 넣은 장엄조각은 당시 깨달음을 이룬 선지식에 대한 예우와 존경이 어떠했는가를 보여준다. 그것은 절대왕권이 한계에 이른 신라 하대의 모든 사상적 권위를 정면에서 부정하고 선적인 깨달음을 통해 새로운 세계와 인간상을 제시하는 가슴 벅찬 일이었을 것이다. 천년의 비바람이 스치고 지나간 오늘, 그날의 향기로운 법어를 헤아릴 수는 없지만 한여름의 산빛이 내리는 부도탑 아래 서면 하늘가에 울려퍼지던 천인들의 피리소리가 들리는 듯하다. 철감선사 부도는 단순한 돌조각이 아니라 한 송이의 꽃처럼 피어난 깨달음의 결정체이자 시대정신의 정수를 간직하고 있다. 전라도 오지의 깊은 산골마을에 이렇듯 찬란한 석조예술이 빛을 발하고 있는 것이 새삼 우리 땅에 스친 세월의 의미가 얼마나 깊고 높은 것인가를 깨닫게 된다.

철감선사 부도탑 가는 길의 정자에 오르면 한가로운 풍경이 펼쳐진다.

산사의 향기

산도 절로 푸르고 물도 절로 푸른데

맑은 바람 떨치니 흰 구름만 돌아가네

종일토록 바위 위에 앉아서 노나니

내 세상을 버렸거늘 다시 무엇을 바라리요.

-경허선사

쌍봉사 찾아가는 길

자가용
호남고속도로 동광주나들목으로 진입하여 광주시 외곽 순환도로로 이동, 화순·보성 방면 29번 국도를 따라가면 화순읍과 이양면 소재지를 지나고 쌍봉리 입구에서 이정표를 보고 좌회전 2.7km쯤 가면 쌍봉사에 이른다.

대중교통
광주에서 화순 능주를 거쳐가는 쌍봉사행 218번 버스를 이용한다(1일 7회 운행, 1시간 20분 소요).

전화 : (061)372-3765
주소 : 전라남도 화순군 이양면 중리 741번지

운문사

여승들의 예불소리가 꽃처럼 아름다운 절

운문사로 가는 길은 대문이 없다. 일주문도, 천왕문도 보이지 않고 새벽 안개와 저녁 노을이 깃드는 청청한 소나무 숲길만이 있다. 이름 그대로 구름으로 지어진 대문을 넘어 찾아가는 절이 운문사다.

운문사로 가는 길은 대문이 없다. 일주문도, 천왕문도 보이지 않고 새벽 안개와 저녁 노을이 깃드는 청청한 소나무 숲길만이 있다. 이름 그대로 구름으로 지어진 대문을 넘어 찾아가는 절이다.

　구름은 실체가 없다. 정처 없이 흐르다가 빗줄기가 되어 쏟아지고 하얀 눈보라가 되어 휘날린다. 강물이 되었다가 바닷물로 모여들고 다시 하늘로 승천하여 생을 거듭하니 구름은 윤회하는 인간의 생을 닮아 있다. 옛사람이 말하길 삶이란 한 조각 구름이 일어남이요, 죽음이란 한 조각 구름이 사라지는 것이라 했다. 인간사 모든 일이 뜬구름처럼 실체가 없으니 그 구름의 문을 넘어서는 곳에 애욕과 번뇌가 끊어진 생명의 자리가 있다. 그러므로 운문사는 구름의 문을 넘어 분별과 갈등의 세계가 사라진 무심의 도량이 된다.

　그곳에는 꽃처럼 어여쁜 여승들이 있고 천년을 이어온 아름다운 소리가 있다. 산그늘을 타고 어둠이 내리는 저녁 무렵이나 차가운 별빛이 반짝이는 새벽녘, 삼라만상의 모든 생명체를 깨우는 북소리, 목어소리, 운판소리, 종소리, 그리고 200명의 비구니들이 합창곡으로 노래하는 예불소리는 세상의 모든 마음을 무념무상의 세계로 이끈다.

　예불은 이 땅에 불교가 전래된 이래 아침을 깨우고 저녁을 부르는 거룩한 소리의 의식이다. 공양, 울력과 함께 절집의 삼사(三事)라 일컬어지는 예불은 불(佛), 법(法), 승(僧) 삼보에 귀의하고 진리를 깨우쳐 모든 중생을 구제하겠다는 서원을 다짐하는 의식이다. 그래서 예불문의 염송은 지극한 마음으로 목숨 바쳐 예배한다는 지심귀명례(至心歸命禮)로 시작한다. 내가 가진 가장 귀한 목숨을 바쳐 귀의의 대상과 일체를 이루겠다는 다짐이다.

운문사 새벽 예불은 어둠을 깨우는 도량석으로부터 시작된다. 신새벽 우주의 기운이 어린 맑은 샘물을 길어 부처님 전에 바치고 목탁을 치며 도량 구석구석을 돌며 산천초목과 삼라만상을 깨운다. 도량석이 끝나면 법당에서 구성진 염불로 종성이 시작된다. 부처님의 공덕을 찬양하고 중생들의 고통을 타파하겠다는 진언을 담고 있다.

끊어질 듯 이어지던 종성이 그치면 범종루에서 사물이 울린다. 무심한 가슴을 두들겨 법열의 세계를 일구듯 정열적으로 법고를 울리고 목

비로전 앞의 3층 석탑은 통일신라 후기의 작품으로 기단부에 팔부신중이 새겨진 것이 특징이다.

어를 친 다음 운판을 울리고 범종을 친다. 축생계의 중생, 수중계의 중생, 허공계의 중생을 모두 구제하고 지옥에 떨어져 신음하는 저승의 중생들까지 구제하겠다는 염원의 소리다.

그래서 절집의 소리에는 마음이 있다. 물소리에는 물소리의 마음이 있고 바람소리에는 바람소리의 마음이 있듯이 법고소리에는 법고소리의 마음이 있고 범종소리에는 범종소리의 마음이 있다. 그 소리의 마음을 가슴에 담는 순간이면 그곳이 모두 법열의 세계인 것이다.

법고소리, 목어소리, 운판소리에 이어 마지막으로 범종소리가 울리고 그 여운을 받아서 법당에 모인 스님들은 삼배를 올리고 본격적인 예불을 시작한다. 200명이 넘는 스님들이 질서정연하게 예를 갖추어 일시에 합창곡으로 시작하는 장엄 염불은 모든 번뇌가 사라지고 가슴이 새벽빛처럼 청아해지는 감동이 있다. 천년의 세월을 하루같이 한 자리에서

예불을 드리러 대웅보전으로 향하는 스님들의 행렬.

운문사의 역사를 설명해주시는 스님.

한 곡조로 노래하는 사람들의 역사가 여기에 있으니 그 천년의 노랫소리는 한 사람의 가슴을 채우고 법당을 채우고 골짜기를 넘어 하늘의 별빛과 달빛까지도 채우고도 남음이 있다.

  청청한 물로 감로의 차를 만들어 삼보님께 올리고 삼계의 도사이시며 사생의 자비로운 아버지인 부처님께 지극한 마음으로 목숨 바쳐 예배합니다라고 시작되는 예경문은 모든 불보살들에게 예배하고 10대 제자와 십육성인, 오백성현, 천이백 아라한, 여러 성중님과 승가의 모든 대중들에게 예배하고 마지막에는 나와 남이 동시에 깨달아 부처가 되기를 기원하는 것으로 마무리된다. 뒤이어 불교의 모든 진리가 함축된 반야심경을 염송하고 이산연선사의 축원문을 독송하면 새벽 예불은 끝이 난다. 스님들은 기러기떼처럼 정연하게 각자의 처소로 돌아가 여일하게 하루 일과를 시작한다.

오백전에 모셔진
오백나한상.

　운문사의 새벽 예불은 애띤 목소리의 비구니들이 일정한 음율에 맞추어 합창하기 때문에 어떤 종교의식에서도 느낄 수 없는 장엄함이 서려 있다. 수행자들의 육성이 만들어내는 대오케스트라이며 그 어떤 음악도 흉내낼 수 없는 거룩한 소리의 향연이다. 외국인들은 가장 감동적인 한국의 소리로 운문사의 새벽 예불을 꼽고 오늘도 그 소리의 의식을 참례하기 위해 길손들이 어둠을 헤치며 운문사의 새벽을 찾고 있다.

　운문사는 호랑이가 의연하게 앉아 있는 모습과 흡사하다는 호거산(虎踞山) 아래에 자리잡고 있다. 운문산, 호거산, 억산, 장군봉 등이 절을 감싸고 있어 마치 연꽃처럼 피어오른 형세인데 운문사는 연꽃의 화심(花心)에 지어졌다고 한다.

　가람의 형태가 지리산 실상사처럼 산지가람이면서도 평지가람으로 이루어진 것이 특징이다. 특히 중심 법당이 산을 등지고 앉아 있는 것이 아니라 주산을 바라보고 있는 특이한 구조이다. 그래서 초행길이라면 절의 뒷모습을 보고 들어가게 되어 의아해지기 십상이다. 풍수지리상 산을 등지고 절을 지으면 앞쪽의 호거산을 바라보게 되는데 이는 호랑이를 마주한 것처럼 큰 재앙을 피하기 어렵다고 생각했기 때문이다. 또 흘러가는 골짜기의 물줄기를 바라보고 있으면 재화와 운이 빠져나간다고 해서 좌향을 거꾸로 틀어 놓은 것이다.

사적기에 따르면 운문사는 560년(신라 진흥왕 21년) 무명의 한 도승이 창건했는데 본래 대작갑사라 불렸다고 한다. 이후 신라 화랑도의 수행 도장이 되었는데 원광법사가 '세속오계'를 내렸던 곳으로도 유명하다. 나말 여초에는 왕건을 도와 고려를 건국하는데 공을 세웠던 보양대사가 머물며 사세를 떨쳤다. 이때 왕건이 토지 500결을 하사하며 운문선사(雲門禪寺)라 이름도 내렸는데 운문사 이름은 여기에서 유래되었다.

고려 인종 때는 왕사로 책봉된 원응국사에 의해 제2의 전성기를 맞아 나라의 500선찰(禪刹) 가운데 제2의 선찰에 꼽힐 정도였다. 그러나 무신정권기 때 청도일대에서 일어난 농민봉기와 김사미 난의 근거지가 되어 황폐해졌고 그 무너진 역사를 다시 일으킨 사람이 일연스님이었다. 일연스님은 충렬왕으로부터 대선사를 제수 받고 운문사에 주석하면서 5년에 걸쳐 우리 민족의 위대한 문화유산 『삼국유사』를 집필하였다.

일연스님 이후 운문사의 내력은 드러난 것이 없다. 임진왜란으로 병화를 입은 것을 설송대사가 중건하였고 몇 차례의 중창과 중수를 거쳐 명맥을 이어왔을 뿐이다. 그러던 것이 1958년 비구니들의 강원이 개설되면서 한국 최고의 비구니 도량이 되었고 현재는 200여 명의 학인 스님들이 공부하는 승가대학으로 발전하여 새로운 전성기를 맞고 있는 셈이다.

 운문사는 비구니들의 도량답게 구석구석 정성스럽게 가꾸어져 있다. 보물 제835호로 지정된 비로전을 비롯하여 작압전, 미륵전, 오백전, 만세루, 관음전, 명부전 등이 있으며 최근에 지어진 대웅보전은 웅장한 규모로 운문사의 이름 값을 하고 있다.

 작압전에 모셔진 통일신라 말기의 석조여래좌상(보물 제317호)은 대좌와 광배를 모두 갖춘 완전한 모습이며, 좌우에 모셔진 사천왕석주(보물 제318호)도 통일신라시대의 유물이다. 또 문화재로 지정되어 있지는 않지만 오백전 안에 모셔진 나한상들도 그 다양한 표정과 우수한 색감으로 오래도록 여운이 남는다.

 그러나 뭐니뭐니해도 운문사의 명물은 처진 소나무다. 수령 500년 된 반송(盤松)으로 천연기념물 제180호로 지정되어 있는 이 소나무는 모든 가지를 땅으로 뻗어내려 마치 커다란 우산을 펼쳐 놓은 듯하다. 그러나 처진 소나무란 이름처럼 힘없이 처진 모습이 아니라 끝자락을 살짝 치켜올려 당당한 기개가 엿보인다. 그 잎은 사철 푸르름을 더하는데 이 터에서 천년의 역사를 이어가고 있는 수행자들의 정신처럼 무성하게 대지를 덮고 하늘을 향해 일어서고 있다.

해마다 봄·가을로 막걸리를 12말씩 받아먹고 청청해진 반송.

산사의 향기

원컨대 이 종소리 모든 법계에 두루퍼지소서

철위지옥의 모든 어두움도 다 밝아지소서

삼도와 칼날 지옥의 고통을 여의고

모든 중생을 바로 깨닫게 하여 주소서

-운문사 종각 주련

운문사 찾아가는 길

자가용
경부고속도로 경산나들목으로 진입하여 985번 지방도로를 따라 자인까지 가서 자인초등학교 앞에서 오른쪽으로 난 987번 도로를 따라가면 동곡 삼거리에 닿고 여기서 좌회전하여 대천, 운문댐을 지나면 운문사에 이른다.

대중교통
고속철이나 경부선 열차를 타고 동대구역에서 내려 대구 남부시외버스터미널〔(053)743-4464〕에서 오전 7시20분부터 30분 간격으로 운행하는 운문사행 버스를 탄다. 청도 시외버스터미널〔(054)372-1565〕에서도 오전 7시 30분부터 1시간 간격으로 운문사행 버스가 있다.

전화 : (054)372-8800
주소 : 경상북도 청도군 운문면 신원리 1789번지
홈페이지 www. unmunsa. or. kr

마곡사

마곡사 싸리나무 기둥을 몇 번이나 돌았느냐

마곡사는 경내를 휘감고 S자로 흘러가는 계곡이 있어 다른 절집에서도 볼 수 없는 색다른 풍치를 보여준다. 또 해탈문·천왕문을 거쳐 극락교를 건너는 공간 구성이 마치 정토의 세계를 향해 가는 듯하다.

麻谷寺

태화산 기슭에 자리잡고 있는 마곡사는 『정감록』에서 말하는 십승지(十勝地)의 땅이다. 조선시대 민간에서 널리 유행했던 예언서 중의 하나인 『정감록』은 이담(李湛)이라는 사람이 정감(鄭鑑)으로부터 들은 이야기를 기록한 책이다. 여기에는 기근과 전쟁을 염려하지 않고 난세를 피해 살 수 있는 복스런 땅이 소개되어 있는데 공주의 유구와 마곡을 비롯하여 풍기 금계촌, 봉화 춘양, 보은 속리산, 운봉 지리산, 예천 금당동, 영월 정동상류, 무주 무풍, 부안 변산, 성주 만수동이 꼽혔다.

이 지역들은 한결같이 산이 깊고 물이 풍부하여 세상을 등지고 숨어살기에 좋은 곳으로 병화와 수탈로 피폐한 시대를 살았던 백성들의 이상향이 어떠했는지를 말해 준다. 『정감록』에서 말하는 십승지는 고난의 세파를 피해 떠돌던 유랑민들이 삶을 의탁하던 안식처였던 것이다.

유구와 마곡은 금강 이북지방의 산맥인 금북정맥이 시작하는 곳으로 충남의 여느 지역과는 달리 산이 높고 깊은 곳이다. 일찍이 조선의 의적 홍길동이 웅거했다는 전설이 있고, 마(麻)씨 성을 가진 도적의 산채가 있어 마곡이라 불리기도 했다는 이야기도 있다. 그런 인연 탓인지 탈옥하여 방랑의 길을 떠돌던 백범 김구도 이 골짜기에 몸을 숨기기도 했다. 또한 산으로 둘러싸인 곳에 들이 넓어 먹을거리가 넉넉하고 유구천의 수구가 막혀 있어 풍수적으로도 능히 1천 명의 목숨을 살릴 수 있는 길지로 꼽혔다.

산태극 수태극의 명당터에 자리잡은 마곡사의 대광보전과 대웅보전 영역.

　　마곡사가 자리잡은 터는 금북정맥에서 갈라져 나온 태화산의 산세와 물길이 태극의 문양처럼 맞물려 흐르는 산태극 수태극의 명당이다. 삼재팔난불입지지(三災八難不入之地)라 하여 일찍이 구도자의 발길이 머물렀던 곳이다.

　　사적기에 따르면 신라의 고승 자장율사가 중국에서 공부할 때 문수보살로부터 "이 유물은 석가모니의 유물이니 신라로 돌아가 절을 짓고 탑을 세워 봉안하라."는 게시를 받고 부처님의 가사와 사리를 받아 귀국하여 세운 7대 사찰 중 백제 땅에 자리한 것이라 한다. 그러나 신라의 스님이 백제 땅에 와서 절을 지었다는 것은 아무래도 신빙성이 떨어진다. 백제가 멸망한 후 자장율사의 권위에 기대어 사찰의 격을 높이기 위해 만들어진 이야기로 보인다.

마곡사란 이름은 자장율사가 절을 짓고 법을 설할 때 이를 듣기 위해 모여든 사람들이 삼대처럼 골짜기를 빽빽하게 채워서 붙여졌다는 설과 신라 말 성주산문을 개창한 무염선사가 마곡 보철화상을 사모하여 그의 호를 따서 마곡사라 했다는 설이 있다.

그러나 십승지의 명당터에 삼밭처럼 번창했던 마곡사의 역사도 흥망성쇠의 세월을 거스를 수는 없었다. 고려시대에는 도둑떼의 소굴로 변한 적이 있었고, 조선시대에는 임진왜란의 병화를 피할 수 없어 대가람이 잿더미로 변했다. 전후 60년의 폐허를 딛고 1650년 공주 목사 이태연이 발원하여 중창하였으며, 1782년 대화재로 500여 칸의 전각

단순하면서도 깔끔하게 조각된 대광보전 수미단.

고려 말에 유행했던 수월관음도 형식을 계승한 조선 후기의 작품으로 화려한 색채와 유려한 선이 아름답다.

들이 무너졌고 지금의 모습은 대부분 18세기 후반에서 19세기에 만들어진 것이다.

　마곡사는 산 속에 자리잡고 있지만 평지가람으로 지어졌다. 경내를 휘감고 S자로 흘러가는 계곡이 있어 다른 절집에서도 볼 수 없는 색다른 풍치를 보여주고 있다. 또 충남지역 대부분의 사찰을 말사로 거느리고 있는 본사이면서도 애써 새롭게 개축하여 치장하지 않고 고풍스런 옛모습을 그대로 지켜오고 있다.

　더욱이 마곡사의 가람 배치에서 이채로운 것은 굽이치는 계곡이 도량의 중심축을 관통하여 흐른다는 점이다. 사찰의 중심부를 가로지르는 개울을 경계로 남원과 북원이 나뉘어진다. 수행처인 남원에는 해탈문·천왕문·명부전·영산전·매화당 등이 있고, 교화처인 북원에는 대웅보전과 대광보전·5층 석탑·응진전·심검당 등이 있다. 계곡 위에는 극락

대웅보전은 백제계 건축에서 자주 보이는 중층 구조이다.

교가 놓여져 있어 두 영역을 하나로 통합시켜 주며 극락세계의 부처님의 품속으로 들어가는 듯한 분위기를 연출하고 있다.

남원에는 해탈문에서 천왕문을 거쳐 극락교로 이어지는 북원의 진입공간과 함께 영산전 영역이 일곽을 형성하고 있다. 창건 당시 도량의 중심부였던 영산전은 마곡사에서 가장 오래된 건물이다. 임진왜란 후 효종 2년(1651년)에 중건되었지만 맞배지붕에 주심포양식을 하여 조선시대 초기 건축적 요소를 농후하게 가지고 있다. 지금은 단청이 퇴락하여 한층 고풍스런 분위기가 느껴지는데 내부에는 과거 칠불을 중심으로 현겁의 천불이 모셔져 천불전의 기능을 하고 있다.

영산전 편액은 매월당 김시습이 이곳에 은거해 있을 때 그를 만나러 찾아온 세조가 쓴 친필 글씨이다. 세조가 온다는 소식을 듣고 김시습이 떠나 버려 두 사람의 상봉은 이루어지지 않았는데 세조는 "김시습이 짐을 버리고 떠났으니 연을 타고 갈 수 없다." 하며 소를 타고 떠났고, 그때 두고 간 가마가 지금까지 보존되어 있다.

극락교를 지나 북원 영역에 들어서면 5층 석탑, 대광보전, 대웅보전이 일직선상에 배치되어, 전체적인 가람의 구성이 상승감을 이루고 있다.

대광보전의 마당에 서 있는 고려 후기의 5층 석탑은 흔히 보아온 석탑의 모습과는 사뭇 다르다. 탑신이 위층으로 올라가면서 체감률이 낮아서 가늘고 긴 모습인데 상륜부가 화려한 청동 조각으로 장식되어 있다. 이 상륜부 장식을 풍마동이라 하는데 그 형식이 2단의 기단에 복발(覆鉢), 평두(平頭), 산개(傘蓋)를 갖춘 인도의 스투파를 방불케 한다. 본래 인도의 스투파를 라마교에서 받아들여 만든 것인데 고려가

응진전의 나한상 조각의 표정들이 이채롭다.

원나라에 예속되었을 때 유행했던 몽골풍이다. 탑신부에 조각된 사면불(四面佛)과 함께 마곡사가 당시에 라마교적 요소가 강한 사찰임을 알게 해준다.

대광보전은 정면 5칸, 측면 3칸의 웅장한 규모이다. 팔작지붕에 화려하게 다포양식으로 장엄한 조선 후기시대의 건축으로 편액은 당시 예술계의 총수였던 표암 강세황의 글씨이다. 내부에는 법신불(法身佛)인 비로자나불이 모셔져 있는데 불단의 위치가 부석사 무량수전처럼 건물의 정면 중앙이 아닌 서쪽에서 동쪽을 바라보고 있다. 불상은 인도에서 가져온 향단목으로 조성했다고 한다. 두 볼이 풍만하게 표현되어

온화하면서도 중후한 느낌을 주며, 수인은 왼손의 검지를 세워서 오른손 안에 넣은 형태의 지권인(智拳印)이다. 불단 뒤에는 기암괴석 위에 흰 사리와 백의를 입고 앉아 있는 백의수월관음도가 그려져 있다.

카펫이 깔려 있는 법당 바닥을 들춰보면 참나무 껍질로 짠 삿자리가 깔려 있다. 130년 전쯤 한 앉은뱅이가 이곳에 와서 100일 동안 참나무 껍질을 엮어 이 자리를 완성한 다음 걸어나갔다는 이야기가 전해진다.

대광보전에서 오른쪽으로 이어지는 계단을 올라가면 2층으로 이루어져 지붕이 하늘 높이 솟아 있는 대웅보전이 나온다. 화엄사 각황전, 무량사 극락전과 함께 백제계 사찰에서 볼 수 있는 중층 구조의 건축으로 웅장한 내부 구조가 거룩한 법전의 분위기를 한층 고조시킨다. 석가모니불을 주불로 좌우에 아미타여래, 약사여래를 봉안하였다. 법당 내부에서 유난히 반들반들하게 윤이 난 기둥이 눈길을 끄는데 싸리나무로 만든 기둥이라고 한다.

싸리나무가 어떻게 저처럼 굵게 자라는지 알 수는 없지만 이 나무기둥에는 영험한 이야기가 전해진다. 저승에 가면 염라대왕이 "마곡사 싸리나무 기둥을 몇 번이나 돌고 왔느냐?" 하고 물어 본다는 것이다. 이때 많이 돌았을수록 극락으로 가는 길이 가깝다고 하여 지금도 사람들이 이 기둥을 붙들고 돌기 때문에 윤이 나 있다.

이밖에 마곡사에서 빼놓을 수 없는 것이 김구 선생이 심은 향나무와 목어, 숲길이다. 5층 석탑 앞에 자라는 향나무는 해방 후에 김구 선생이 마곡사를 방문하여 옛일을 회상하며 기념식수한 것이다. 김구 선생은 명성황후를 살해한 일본 헌병 쓰지다를 죽이고 인천 감옥에 갇혀 있다가 탈옥하여 방랑생활을 했는데, 그때 마곡사에서 원종이란 법명

으로 잠시 스님생활을 했다. 『백범일지』를 보면 보경당 노스님이 자신에게 견월망지(見月忘指)라 하여 달을 보면 그만이지 달을 가리키는 손가락이야 아무려면 어떠냐는 말씀과 칼날 같은 마음을 품어 성나는 마음을 끊으라 하여 '인(忍)'자의 이치를 가르쳐 주셨다고 회상하고 있다.

목어(木漁)는 나무로 만들어진 물고기 모양의 악기이다. 이것은 수중계의 중생들을 구제하기 위해 아침저녁으로 예불을 드릴 때 치는데 법고, 운판, 범종과 함께 사물이라 부른다. 우리나라 사찰에 있는 수많은 목어 중에서 마곡사 목어처럼 소박하면서도 나뭇조각 특유의 부드럽고도 깊은 맛을 간직한 예는 보기 드물다.

마곡사는 들어가는 입구의 숲길이 아름다워 추갑사와 더불어 춘마곡으로 불린다. 또한 태화산 능선길을 따라 조성된 송림욕장이 있어 싱그러운 숲길을 만끽할 수 있다. 마곡사 앞 송림욕장 이정표를 따라 걷기 시작하면 성보박물관, 토굴암, 상원골, 나팔봉, 활인봉, 영은암을 차례로 돌아 내려오는데 2시간 30분 정도 걸린다. 코스 중 활인봉 앞에는 죽은 사람도 살린다는 생명수 샘터가 있어 지친 몸을 달랠 수 있다.

산사의 향기

맑음 다한 빛 통달함이여

고요히 저 허공 다 비추네

다시 긴 세간을 관찰해 보니

모두가 꿈속의 일과 같도다

비록 모든 근원의 움직임 보일지라도

요컨대 단번에 뽑아 버릴지어다.

— 마곡사 대광보전 주련

마곡사 찾아가는 길

자가용
천안 – 논산 간 고속도로에서 정안나들목으로 진입하여 마곡사 방면 604번 도로를 이용, 사곡면 소재지 삼거리에서 우회전하면 마곡사 주차장에 이른다.

대중교통
공주버스터미널에서 마곡사까지 7번 시내버스가 40분 간격으로 운행한다(소요 시간 40분)

전화 : (041)841-6221
주소 : 충청남도 공주시 사곡면 운암리 567번지
홈페이지 www. magoksa. or. kr
매주 주말 산사 수련회 운영 인터넷 접수

관룡사

반야용선을 타고 극락정토로 가는 길

골짜기를 따라 오르면 시원스런 대나무숲과 함께 정갈하게 다듬어진 돌계단이 나온다. 계단이 끝나는 곳에는 돌을 쌓아 석문을 만들고 그 위에 기와지붕을 얹었다. 시주자의 공덕을 내세워 공연한 소란을 피우지 않고서도 산사가 지녀야 할 기품과 아름다움을 잘 보여준다.

觀龍寺

화왕산 관룡사는 다소곳한 절이다. 암자 터 같은 곳에 자리를 잡아 뭇사람의 발길을 허락하지 않은 채 은둔자의 처소처럼 조용하다. 돌병풍을 둘러친 듯한 기암절벽의 산 속에 아담하게 터를 이룬 모습이 황매산 기슭의 영암사지나 달마산 자락 미황사에 버금가는 절경을 보여준다. 건물들 또한 영남의 사찰에서 흔히 볼 수 있는 거대한 규모를 자랑하는 것이 아니라 작고 아담한 건물들로 수줍은 듯 서 있다. 멋을 아는 여행자라면 아무 데고 앉아서 풍경소리에 귀를 적실 만한 분위기이다.

관룡사로 가는 길은 먼저 가파른 산길을 올라야 한다. 호쾌한 전망을 거느리고 있는 대부분의 산사가 그렇듯이 관룡사도 조금은 수고로움을 감내해야 한다. 시원하게 펼쳐지는 옥천리 들판을 뒤로 하고 고도를 높여 가면 시누대가 무성한 오솔길을 지나서 한 쌍의 돌장승을 만나게 된다. 왕방울 같은 눈에 주먹코를 하고 입가에는 송곳니를 드러냈지만 위협적이라기보다 어리숙한 표정이 촌부처럼 친숙하다.

돌장승에 머리를 조아린 후 골짜기를 따라 좀더 오르면 시원스런 대나무숲과 함께 정갈하게 다듬어진 돌계단이 나온다. 계단이 끝나는 곳에는 돌을 쌓아 석문을 만들고 그 위에 기와지붕을 얹었는데 이것이 관룡사의 일주문인 셈이다. 시주자의 공덕을 내세워 공연한 소란을 피우지 않고서도 산사가 지녀야 할 기품과 아름다움을 잘 보여주고 있다.

그래서 관룡사는 첫인상이 세상에서 모습을 감춘 도인의 처소처럼 아무런 꾸밈이나 가식이 없다. 종교적인 의미를 부여하는 엄숙성이 없어서 고향 마을의 동구처럼 편안하다.

석문을 지나 나그네의 발길을 인도하는 돌담길을 따라가면 대숲에 일렁이는 바람소리와 함께 우아한 자태의 원음각이 모습을 드러낸다. 가람 구성상 진입공간은 이 누각 밑을 통과하게 되어 있는데 굳이 이 길을 폐쇄하고 먼발치서 원음각의 우아한 자태를 보면서 돌아가게 하고 있다. 이런 담박한 분위기와 함께 위엄을 내세우지 않는 건축미학이 어우러져 있어 관룡사는 언제나 연모의 정을 품게 하는지 모른다. 천왕문인지 불이문인지 새로 단장된 절집의 문지방을 넘어서도 절집은 언제나 호젓하고 고즈넉한 모습이다.

날아갈 듯한 처마의 곡선이 멋스러운 원음각.

규모는 작지만 화왕산과 어울려 화려한 자태를 보여주는 대웅전.

　사적기에 따르면 관룡사는 신라 진평왕 5년(583년)에 증법국사가 창건했다고 한다. 그 후 원효대사가 제자 1천 명을 거느리고 와서 화엄경을 설했는데 이때 진평왕이 수행원들과 함께 참배를 왔다가 원효대사의 법문을 듣고 깨달음을 얻어 큰 절을 짓도록 시주를 하여 신라의 8대 종찰이 되었다고 한다.
　하지만 관룡사 약사전 상량문의 내용은 조금 다르다. 약사전이 신라 걸해왕 44년(353년)에 창건되었다고 그 내력을 밝히고 있는 것이다. 이것은 신라에 불교가 공인된 법흥왕 15년(528년)보다 175년이나 앞선 시기로 관룡사의 역사가 가야시대로까지 거슬러 올라감을 말해준다. 인도에서 왔다는 허왕후와 그의 일곱 아들이 성불했다는 칠불사의 전설에서 볼 수 있듯이 바닷길을 통해 이미 가야에 불교가 유입되어 있음을 말해주는 예가 된다.
　창녕은 낙동강유역에서 활약하던 비사벌 가야의 도읍지로서 수많은 유적들이 산재해 있다. 교동과 송현동 일대에 자리잡고 있는 가야의 고분들이 그 역사를 증언하고 있는데, 관룡사는 바로 그 비사벌 가야의 진산을 지키던 수호가람으로서의 면면을 가지고 있었던 셈이다.

그러나 비사벌 가야가 신라의 진흥왕에게 점령당하면서 관룡사의 역사는 신라의 것이 되고 말았다. 그 역사를 만옥정 공원에 있는 진흥왕순수비가 말해주고 있다. 광개토대왕비를 제외하고 한반도에서 가장 오래된 금석문인 이 비문에는 진흥왕이 점령지를 살피고 다닌 순행과 정치적 포부가 밝혀져 있다.

진흥왕의 정복지가 된 후 이 땅의 운명은 신라에게 넘어가고 역사 또한 신라의 것으로 윤색되고 말았다. 관룡사 사적기에 나오는 창건연대와 약사전 상량문의 기록이 혼란스러운 것은 그런 격변기를 거쳐온 관룡사의 역사가 남긴 흔적일 것이다. 그러므로 훗날 원효대사가 이곳에서 화엄경을 강설했다고 하는 것은 중국에서 배워온 의상대사의 화엄사상과 다른 것이었을 테고 그것은 일찍이 가야 땅에 씨앗이 뿌려져 길러진 토

화려하고 장엄한 천상의 세계처럼 꾸며진 대웅전 내부.

착적인 화엄사상이었을 가능성이 높다.

　관룡사란 이름은 원효대사가 백일기도를 마치고 회향하는데 때마침 하늘에서 갑자기 오색채운(五色彩雲)이 내려오고 천둥번개가 치더니 화왕산 마루의 3개의 연못에서 승천하는 아홉 마리의 용을 본 데서 유래한 것이다. 이 때부터 화왕산을 아홉 마리의 용이 살았다고 해 구룡산(九龍山)이라 부르기도 한다.

대웅전 수미단에 조각된 비천상.

　관룡사의 건축물들은 임진왜란 때 불탄 것을 광해군 때 중창하고, 숙종 때 산사태로 무너진 것을 다시 재건하여 오늘에 이르고 있다. 좁은 터에 많은 가람을 배치하여 대웅전을 중심으로 산령각·칠성각·응진전·명부전·약사전·원음각 등이 추녀를 마주 대고 속삭이듯 다정스런 모습이다. 지붕 너머 수려한 산세와도 조화를 이룬 전각들이 하나같이 사랑스럽고 인간적인 풍모를 느끼게 한다.

　대웅전은 조선 후기 영조 때 대대적인 보수를 거친 것으로 날아갈 듯한 처마 선이 인상적이다. 수미단을 비롯한 법당 내부의 조각과 단청이 화려해 규모는 작지만 장엄하고 화려한 건축이다.

약사전은 1704년 산사태의 피해를 입지 않고 보존된 조선 초기 건축으로 규모는 작지만 그 모습이 더할 나위 없이 매혹적이다. 맞배지붕에 주심포양식으로 고려시대의 건축을 계승하고 있는데 왜소한 몸체에 비해 삿갓처럼 큰 지붕이 씌어져 있다. 그럼에도 불구하고 어색하지 않게 절묘한 비례미와 안정감을 갖추고 있어 눈길을 사로잡는다. 뜰 앞에 서투른 솜씨로 조각된 작은 석탑과도 어울려 암자 같은 작은 절집 분위기를 간직하고 있다. 법당 안에는 중생들의 병을 구제하고 법약으로 무명의 어지러움을 깨우쳐 주는 약사여래불이 모셔져 있다.

조촐한 관룡사의 전각들을 둘러보고 요사채 뒤편 산길을 따라 20여 분을 오르면 관룡사의 최고 절경인 용선대에 이르게 된다. 분화구처럼 푹 꺼진 옥천리 들판을 배경으로 전함 같은 바윗돌이 돌출해 있고, 그 앞쪽에 우리나라 석불 중에서 가장 장엄하면서도 호방한 모습을 보여주는 용선대 석가여래좌상이 앉아 있다.

천년 세월을 비바람과 벗하며 삼매의 경지에 들어 있는 거룩한 부처님의 모습이 마치 극락으로 이끄는 배의 선장님 같다. 그래서 창녕 사람들은 이 부처님을 '배바위 부처님'이라 부른다. 고통 속에 헤매는 중생들을 배에 태워 극락 세계로 인도하는 반야용선(般若龍船)의 부처님인 것이다.

발 아래는 아득한 사바세계가 펼쳐지고 겹겹이 물결치는 산자락은 수천의 파도가 되어 이 거룩한 행렬을 이끌고 가는 듯하다. 더구나 부처님이 바라보고 있는 방향이 동짓날 해뜨는 방향으로 토함산의 석굴암 불상과 같다. 생김새도 석굴암 본존불을 염두에 두고 조각한 듯 쏙 빼닮았다. 경주에서 완성된 신라불교의 한 전형이 가야의 옛 왕도에 여일하게 모습을 드러내 화려했던 역사의 서막을 알리는 듯하다.

　세월이 흘러 가락국의 왕도도, 신라의 영화도 아스라한 자취가 되었지만 밤이면 별들이 쏟아지고 새벽이면 산마루를 솟아오른 찬란한 햇빛이 어리고 저물녘 황혼에는 잔광이 등뒤에서 머문다. 그 거룩함을 무어라 표현할 수 있겠는가. 이와 같은 대역사를 자손 만대에 물려준 조상님께 손 모아 감사 드릴 따름이다.

뭇 중생을 극락세계로 인도하는 반야용선과 같은 용선대 석가여래좌상.

산사의 향기

소리에 놀라지 않는 사자와 같이

그물에 걸리지 않는 바람과 같이

흙탕물에 더럽히지 않는 연꽃과 같이

무소의 뿔처럼 혼자서 가라

-숫타니파타

관룡사 찾아가는 길

자가용
경부고속도로를 타고 대구에서 88고속도로로 진입하여 옥포에서 구마고속도로로 바꾼 후 영산나들목으로 진입하여 5번 지방도로를 타고 계성면과 옥천리를 지나 10km쯤 가면 관룡사에 이른다. 창녕나들목으로 진입하여 5번 도로를 이용, 계성과 옥천을 거쳐가도 된다.

대중교통
창녕에서 관룡사까지 시내버스가 하루 6회 운행한다.
시각 - 06:50, 09:30, 11:30, 14:00, 15:30, 17:30

전화 : (055)521-1747
주소 : 경상남도 창녕군 창녕읍 옥천리 292번지
홈페이지 www.korea108.com

각연사

까마귀떼가 찾아낸 연못 속의 돌부처

우람해지던 산세가 화려한 봉우리를 피어올리며 그 속에 넓은 분지를 만들어냈다. 그 항아리 속처럼 아늑하고 비밀스런 곳에 자리잡고 있는 작은 절이 각연사다. 연꽃처럼 피어오른 봉우리들이 절집을 에워싸고 있기 때문에 마치 푸른 산에 갇혀 있는 느낌이 든다.

覺淵寺

각연사는 칠보산이 연꽃처럼 피어오른 첩첩 산중에 자리잡고 있다. 괴산읍에서 문경 쪽으로 34번 국도를 따라가면 태성리 마을길에 작은 이정표가 하나 서 있다. 천년 고찰이라는 푯말의 내용과는 달리 사하촌의 분위기를 전혀 느낄 수 없어 무심히 스쳐 지나가기 쉽다.

비좁은 마을의 골목을 벗어나면 정성스럽게 일군 다랑이 논이 펼쳐지고 개울물은 옥빛처럼 맑고 정겹게 흘러내린다. 시내를 따라서 길은 산속으로 숨어드는데 한참을 가도 산문은 보이지 않는다. 오리쯤 들어간 자리에 두메 산골 같은 작은 마을이 있고 다시 반 마장쯤 길을 재촉하면 우람해지던 산세가 화려한 봉우리를 피어올리며 그 속에 넓은 분지를 만들어내고 있다. 각연사는 그 항아리 속처럼 아늑하고 비밀스런 곳에 자리잡고 있는 작은 절이다.

연꽃처럼 피어오른 봉우리들이 사방에서 절집을 에워싸고 있기 때문에 절마당에 서 있으면 마치 푸른 산에 갇혀 있는 느낌이 든다. 그리하여 옛사람들은 이 터를 하늘나라 감옥이라 하여 천옥(天獄)이라 불렀고 도인들이 아니면 도둑의 산채가 들어설 자리라고 했다.

사적기에 따르면 각연사는 신라 법흥왕 2년(515년)에 유일대사가 창건했다고 한다. 그런데 이 멋진 터를 처음 발견한 사람은 나무꾼도 아니고 스님도 아닌 까마귀떼였다.

하늘나라 감옥처럼 산으로 둘러싸인 각연사.

　각연사 창건 설화에 따르면 당시 나라에서 호국정신을 배양하기 위해 전국 각지에 많은 사찰을 건립하고 있었다. 유일대사가 왕명을 받들어 칠보산 자락의 명당을 찾아 왔는데, 처음 절을 지으려 했던 곳은 군자산 아래 쌍곡계곡의 절골이었다. 법당 터를 정하고 목수들을 모아서 아름드리 목재를 정성껏 다듬어 불사를 준비하고 있었는데 이상한 일이 벌어졌다. 목재를 다듬으며 나온 대팻밥이 자고 나면 감쪽같이 사라져버리는 것이었다. 이를 기이하게 생각한 유일대사가 한밤중에 일어나 작업장 주위를 살펴보니 어디선가 수백 마리의 까마귀떼가 날아와 대팻

연못 속에서 출현했
다는 비로자나불.

밥을 물고 산을 넘어가고 있었다.

유일대사가 까마귀떼를 쫓아 갔는데 개울을 건너면서 그만 놓치고 말았다. 어쩔 수 없이 허망한 가슴을 달래며 돌아오는데 대사의 발 밑에 까마귀떼가 떨어뜨린 대팻밥이 흩어져 있었다. 그래서 그 흔적을 따라가 보니 까마귀떼가 대팻밥을 물어와서 연못을 메우고 있었다.

유일대사가 기이한 일이라 생각하여 대팻밥이 떠 있는 연못을 살펴보니 물안개 같은 연기와 함께 광채가 솟아나고 있었고 그 속에 성스러운 돌부처가 미소를 지으며 앉아 있었다. 이를 본 유일대사는 엎드려 경배하며 부처님이 계시를 내린 것이라고 생각했다. 그리고 군자산 아래서 시작된 불사를 중단하고 목수들을 데리고 와 연못에서 부처님을 꺼내고 그 자리를 메워 절을 지었다. 그래서 절 이름이 연못에서 깨달은 각자가 나왔다 하여 각연사가 되었다는 것이다. 각연사 비로전 자리가 바로 그 연못 자리이고 그때 발견된 돌부처님이 바로 보물 제433호로 지정된 비로자나불이다.

오래된 산사에는 이렇듯 신비로운 창건 설화가 전해진다. 각연사도 필경 산간 계곡의 연못을 메워 세운 절이었을 텐데 그날의 역사가 연륜이 쌓인 후 이런 신비로운 설화가 되었을 것이다. 세월의 힘이란 이런 것이다. 아무리 화려한 역사라도 무정한 세월이 스치면 잡초 우거지는

겨울의 각연사는 고독한 수행자의 모습을 닮아 있다.

폭설이 내린 날 각연사로 가는 길에는 인적이 없고 산짐승의 발자국만 찍혀 있다.

폐허가 되지만 거칠고 황량한 불모의 땅일지라도 거기에 뿌려진 정신이 갸륵하고 눈물겨운 것이라면 세월이 흐를수록 신비롭고 아름다운 이야기로 빛을 발하는 것이다.

유일대사 이후 각연사는 고려 초기에 통일대사가 중창을 하여 대찰이 되었다. 그 후 나옹화상과 사명대사 같은 선지식이 머물며 수행자들이 구름처럼 모여들었고 한때는 속리산 법주사를 능가할 정도로 가람이 융성했다고 한다. 그러나 6·25전쟁을 겪으면서 잊혀진 절이 되고 말았다. 가람은 불에 타고 스님들은 뿔뿔이 흩어져버렸다. 워낙 오지에 자리 잡은 절이라서 어찌해 볼 도리가 없이 퇴락해 버린 것이다.

해우소 부근의 축대와 대웅전 앞 층계에 사용된 석물들을 보면 화려했던 시절을 짐작할 수 있는데 지금은 대웅전과 비로전, 새로 지은 요사채, 삼성각, 범종각들의 단출한 모습이다. 그래서 각연사는 고독해진 마음 한 자락이 쉬어 가기에 좋다. 특별히 내세울 역사나 문화유산이 없더라도 그 분위기만으로도 정겹고 깊이가 느껴지는 절이다.

대웅전은 조선 후기의 건축으로 맞배지붕에 다포양식을 하고 있다. 각 부재를 쓴 솜씨가 치밀하거나 짜임새가 있는 것은 아니지만 익살스런 표정의 용머리와 탐스러운 모란꽃 화판, 공포 끝에 조각된 앙증맞은 연꽃봉오리가 눈길을 끈다. 각연사 대웅전은 엄숙한 종교적 위엄을 갖추기보다 민화처럼 소박한 마음을 갖추고 있어 마치 고향 마을의 퇴락한 전각을 보는 듯 편안하다.

비로전은 대웅전과 비슷한 시기에 지어진 것인데 다포양식에 팔작지붕을 하고 있다. 주춧돌과 기단은 창건 당시의 것으로 보여지며 이 곳에 9세기경에 조성된 비로자나불이 있다.

비로자나불은 진리 그 자체를 형상화한 불상이다. 왼손의 검지를 오른손으로 감싸 쥐어 엄지손가락과 검지를 맞대고 있는데, 이것은 중생과 부처가 하나임을 의미하는 수인(手印)이다.

또한 팔각의 연꽃 좌대 위에 결가부좌를 하고 있으며, 뒤편으로 배 모양의 광배가 갖추어져 있다. 광배는 불꽃이 타오르는 화염문인데 그 속에 아홉 분의 작은 화불이 새겨져 있다. 이 불상은 통일신라 최전성기의 불상처럼 긴장된 힘과 세련된 기교는 찾아볼 수 없지만 신라 하대에 지방화한 불상에서 보여지는 토속적인 미의식을 갖추고 있다.

비로전 마당에서 바라보면 화려한 칠보산의 산세가 상서롭게 펼쳐지는데 그 골짜기 텃밭에 각연사의 화려했던 역사를 말해주는 돌거북이 조각이 있다. 이 조각은 오랜 세월 흙 속에 파묻혀 있다 새롭게 발견되었는데 사실적인 조각 솜씨에 감탄사가 절로 나온다. 비록 머리는 보이지 않고 몸통만 남아 있으나 꿈틀꿈틀 살아 움직이는 듯하고 발톱과 꼬리에서 느껴지는 힘이 예사롭지 않다.

개울을 건너 등산로를 따라 가면 고려시대 통일대사 탑비가 완전한 모습으로 남아 있다. 그 속에 각연사의 역사와 아름다운 이야기들이 돌이끼를 머금은 채 세월의 의미를 더해가고 있다.

비로전 지붕 너머로 보이는 칠보산 봉우리.

산사의 향기

법을 알고

이치를 알며

때를 알고

자기를 알며

만족할 줄 알고

대중 한가운데 들어갈 줄 알고

많은 사람들을 관찰할 줄 알아야 한다

―증일아함경

◎ 각연사 찾아가는 길

자가용
중부고속도로 음성나들목으로 진입하여 금왕을 지나 37번 국도를 따라 괴산까지 가 괴산에서 연풍·문경 방면으로 가는 34번 국도를 따라가다 쌍곡입구를 지나 태성리 삼거리에서 각연사 이정표를 보고 우회전하여 4.7km 가면 각연사에 이른다.

대중교통
괴산에서 1시간 간격으로 연풍면을 오가는 버스를 타고 태성리에서 내려 1시간 정도 걸어가면 각연사에 이른다.

전화 : (043)832-6148
주소 : 충청북도 괴산군 칠성면 태성리 39번지

도리사

복사꽃·오얏꽃이 핀 자리에 지은 절

고구려에서 온 스님 아도가 모례 장자의 시주로 한겨울에 복사꽃과 오얏꽃이 만발한 냉산 기슭에 절을 세우니 이것이 신라 최초의 가람 도리사이다. 그날의 역사는 복사꽃이 피고 도가 열렸다는 도개면 도개동의 지명 속에도 살아 있다.

눈보라치는 길이 있었다. 아무도 가지 않은 미지의 길이었고 가시밭길이었다. 그 길을 따라서 한 사람의 구도자가 왔다. 국경선을 넘어 변방의 한 마을에 이르렀으나 반기는 사람이라곤 아무도 없었다. 나루터에서 배를 타고 다시 남쪽으로 가는 길은 잠행의 천릿길이었다. 가슴속에 벅찬 희망만이 있을 뿐 들판에는 매서운 바람만이 휩쓸고 지나갔다.

그렇게 찾아온 구도자의 이름은 고구려의 젊은 스님 아도였다. 16살에 중국에 유학하여 불법을 배워왔으나 왕실은 이미 도교에 물들어서 그의 깨달음을 받아들이려 하지 않았다. 그리하여 아도는 새로운 나라를 찾아 전법여행을 떠나온 것이다. 신라에 불법이 공인되기 100년 전인 417년 눌지왕 때 그는 서라벌에 무사히 도착하여 부처님의 법을 설하였다.

하지만 이 새로운 영토에서의 포교 활동도 여의치 않았다. 왕실에서는 그의 법문에 귀를 모았지만 토착신앙을 숭배하던 귀족들은 완강히 거부했고 그를 죽이려고까지 했다. 이에 어쩔 수 없이 그는 고구려와 신라의 국경지대로 몸을 숨겼다. 추풍령 아래 일선군의 모례 장자의 집에 머슴으로 숨어 들어온 것이다. 이곳에서 아도는 낮에는 부지런히 일하고 밤에는 마을 사람들을 모아 놓고 부처님의 이야기를 전했다.

신라에 처음으로 불교를 전한 아도화상.

    이렇게 5년 동안 소 1천 마리와 양 1천 마리를 길러내며 모례 장자의 큰 신망을 얻었지만 아도는 어느 날 홀연히 길을 나섰다. 모례 장자가 품삯 한푼 받지 않고 떠나가는 아도가 너무 아쉽고 섭섭하여 가는 곳을 물으니 "얼마 후 당신 집으로 칡넝쿨이 뻗어올 테니 그 칡넝쿨을 따라오면 나를 만날 수 있을 것이오."라고만 했다. 몇 해가 지나자 한겨울에 신기하게도 모례 장자네 집 대문 앞에 칡넝쿨이 뻗어왔다. 모례 장자가 그 줄기를 따라가 보니 냉산 중턱에 복사꽃과 오얏꽃이 만발해 있었고, 그 꽃 그늘 아래에 아도가 선정에 들어 있었다.

선정에 든 아도의 모습에 감복한 모례 장자는 그 동안의 품삯을 대신해서 시주를 하겠다고 했다. 아도는 바리때를 내놓으며 여기에 돈을 채워달라고 했다. 그러나 신기하게도 이 그릇에 아무리 많은 돈 꾸러미를 갖다 넣어도 반쯤밖에 차지를 않았다.

모례 장자네 집 터에 남아 있는 우물.

당황한 모례 장자가 곡식으로 시주를 하면 어떻겠느냐고 하니 이번에는 아도가 작은 망태기를 내놓으며 채워달라고 했다. 하지만 이 망태기도 이상한 물건이었다. 벼를 열 섬, 백 섬을 쏟아 부어도 처음 한 말을 부었을 때의 분량 그대로였다. 모례 장자는 끝내 망태기를 채우지 못한 채 벼 천 섬을 시주했고, 아도는 이것으로 한겨울에 복사꽃과 오얏꽃이 만발한 냉산 기슭에 절을 세우니 이것이 신라 최초의 가람 도리사가 된 것이다.

이리하여 일선군(지금의 선산)은 신라 불교의 씨앗이 처음으로 뿌려진 탯자리가 되고 도리사는 전법개산지(傳法開山地)가 되었다. 그날의 역사는 도개면(桃開面) 도개동(道開洞)의 지명 속에도 살아 있다. 한겨울에 복사꽃이 피었다 하여 도개면(桃開面), 신라 불교의 길이 처음 열렸다고 하여 도개리(道開里)인 것이다. 또 모례 장자가 살았다는 집터에는 그 옛날 아도가 마셨다던 샘물이 지금도 청정수로 샘솟고 있다.

　신라 불교가 법흥왕 14년(527년)에 이차돈의 순교로 공인 받기까지 수난의 세월을 감내하며 불씨를 지펴온 전진기지였던 도리사는 현재 경북 구미시 해평면 태조산 자락에 앉아 있다. 신라 불교의 초전법륜지로 불교가 번창했던 시대에는 수많은 수행자가 모여들던 성지였는데 조선시대부터 쇠락의 길을 걸어 잊혀진 절처럼 쓸쓸한 모습이었다. 이마저도 숙종 3년(1677년)에는 큰불을 만나 대웅전을 비롯한 모든 성보가 잿더미로 변해버리니 옛날의 도리사는 터만 남게 되었고 아도가 좌선했던 자리에 있던 산내 암자 금당암이 도리사를 대신하게 되었다. 그 쓸쓸함을 조선의 선비 김종직은 "뉘 알리오 빛나던 신라 때의 모습, 모례의 움집 속엔 재뿐인 것을!"이라며 탄식했다.

한겨울 눈 속에서 복사꽃·오얏꽃이 피었다는 냉산 기슭의 도리사.

적멸보궁에서 바라보면 황악산에서 금오산으로 이어지는 산줄기가 그림처럼 펼쳐진다.

아름드리 소나무가 울창한 산길을 올라 태조산 중턱에 이르면 호쾌한 전망을 느낄 수 있는 곳에 아담한 모습의 도리사가 자리잡고 있다. 낙동강 연안의 기름진 들판을 굽어보고 멀리 구미 금오산과 김천 황악산을 마주보고 있어 한눈에도 예사롭지 않은 터임을 알 수 있다.

비탈진 산자락에 위치하여 그리 넓지 않은 도량이지만 근래에 적멸보궁 · 삼성각 · 반야정사 같은 큰 불사가 이루어졌고, 그 너머에 예스럽고 조촐한 모습의 극락전 법당이 정겹다. 조선 중기의 목조건축으로 추정되는 극락전은 화려한 의장이 돋보이고, 수많은 도인들을 배출한 태조선원은 반가의 사랑채처럼 푸근하면서도 세월의 연륜을 느끼게 한다.

몸채에 비해 지붕의 규모가 크고 용마루가 짧아 독특한 느낌을 자아내는 극락전 안에는 영조 5년(1729년) 개금불사를 했다고 하는 우아한 자태의 목조아미타불이 모셔져 있고, 법당 뒤편에는 세인들의 이목을 집중시켰던 세존사리탑이 서 있다.

이 석종형 부도처럼 조성된 세존사리탑은 본래 삼성각 뒤 담장 너머에 있었다. 그리고 도굴꾼들의 손에 의해 넘어진 채 뒹굴고 있던 것을 1977년 도리사 경내로 옮기던 중 그 안에서 금동으로 만들어진 8세기의 사리함이 발견되었다. 사리공이 이중으로 장치가 되어 안쪽 석회로 봉인된 곳을 도굴꾼들이 보지 못한 것이다. 이 사리함에서 천과 종이에 싸인 사리가 나왔는데 바로 수정처럼 영롱한 빛을 뿜어내는 부처님의 진신사리였다.

이 사리의 출현으로 도리사는 긴 잠에서 깨어나듯 새로운 전기를 맞게 되었다. 전설처럼 내려오던 신라 불교 초전법륜지의 역사가 뚜렷해졌고 새로운 적멸보궁이 만들어져 순례자들이 다시 찾게 된 것이다.

도리사의 세 가지 명물

화엄석탑

극락전 앞의 5층 석탑은 화엄석탑이라 부른다. 일반적인 석탑과는 다르게 돌을 벽돌처럼 잘라 방형으로 쌓은 모전석탑이다. 반쯤 허물어진 것을 수습하였기에 볼품은 없지만 경주의 분황사석탑과 같은 신라석탑의 독특한 양식이다.

좌선대

화엄석탑에서 소나무 숲길을 내려가면 아도가 선정에 들었던 좌선대가 나온다.
울창한 소나무숲에 커다란 고인돌처럼 생긴 너럭바위가 있는데 그 위에 아도가 선정에 들었다. 눈 속에 보았다는 복사꽃과 오얏꽃은 보이지 않지만 밤이면 펼쳐지는 구미시의 야경이 꽃처럼 화사하다.

화엄석탑

서 대

도리사에서 북쪽 산기슭의 오솔길을 따라가면 시야가 환하게 열리는 언덕이 나온다. 굽이쳐 흐르는 낙동강과 김천의 황악산, 구미의 금오산이 한눈에 조망되는 곳이다. 이곳에서 아도화상이 손가락으로 절터를 가리켜 직지사가 창건되었고 노을 속에서 하늘을 나는 금빛 까마귀처럼 보인다하여 금오산이라 불리게 되었다.

좌선대

산사의 향기

세존께서 설산에 들어가셨을 때

한번 앉아 6년 동안 지나감을 알지 못했네

샛별을 보고 깨달음을 얻었으니

말씀하신 소식 삼천대천세계에 두루 퍼지도다.

-도리사태조선원 주련

도리사 찾아가는 길

자가용
경부고속도로 김천나들목으로 진입하여 300m 지점 교동교에서 좌회전하여 선산방면 910번 지방도로를 따라 선산읍으로 간다. 선산에서 다시 상주방면 33번 국도를 따라 5km쯤 가다 봉천초등학교 삼거리에서 우회전하여 일선교를 건너고 다시 우회전 25번 국도를 타고 낙산을 지나면 도리사 입구를 알리는 일주문이 서 있다. 이곳에서 좌회전하여 5.5km 가파른 산길을 오르면 도리사에 이른다.
모례 장자의 집터와 우물은 일선교 주유소에서 좌회전하여 소보, 군위 쪽으로 가다 도개리 마을로 들어간다.

대중교통
선산읍 버스터미널에서 1일 2회 시내버스 운행(10:00, 15:00)

전화 : (054)474-3737
주소 : 경상북도 구미시 해평면 송곡리 403번지

향천사

샘물처럼 향기로운 백제의 가람

예산 향천사는 알려지지 않은 절이다. 극락전 앞마당에서 요사채를 지나 개울을 건너면 그윽한 숲 속에 자리잡은 천불전이 나온다. 천불전에는 소박한 백성들의 얼굴을 한 부처님들이 즐비하다. 예산 사람들은 지금도 이 부처님을 보면서 신랑점을 친다.

예산 금오산 기슭에 자리잡은 향천사는 알려지지 않은 절이다. 읍내에서 멀지 않는 곳에 위치하여 도심지의 사찰처럼 느껴지지만 찾아가면 의외로 한적한 산사의 느낌을 간직하고 있다. 고색 짙은 건축미는 아니지만 첫눈에도 이 절집은 풀어 헤쳐진 나그네의 매무새를 추스르게 하는 기품을 간직하고 있다. 아늑하게 절을 감싸고 있는 산세에는 울창한 소나무가 가득해 향기로운 기운을 뿜어낸다.

향천사는 백제 의자왕 16년(650년)에 의각스님이 창건했다고 한다. 의각스님은 『삼국유사』에도 그 일화가 소개되어 있는데, 키가 7척이나 되고 일심으로 반야심경을 독송하면 눈과 입에서 빛이 발하는 이적을 보일 정도로 도력이 높았다고 한다.

당시 백제가 신라와의 전쟁으로 어려움에 처하게 되자 의자왕의 밀명을 받고 일본에 건너가 문화사절로 활약했으며, 다시 중국으로 건너가 오자산 기슭에서 구국의 일념으로 불상을 조성했다고 하니 아마도 부처님의 힘으로 외적을 물리치고자 한 발심이었으리라.

의각스님은 3053불상과 16나한상, 그리고 향나무로 아미타삼존불을 완성하였고 이들 성상들을 돌배에 싣고 백제로 돌아왔는데, 그때 도착한 곳이 오산면 북포 해안으로 지금의 예산군 신암면 창소리였다.

의각대사가 불상을 싣고 온 돌배가 도착하자 어디선가 금빛의 까마귀

나한전 앞의 9층 탑은 임진왜란 때 파괴된 것을 정성을 다해 수습해 놓았다.

한 쌍이 날아와 배 주위를 맴돌며 길을 인도했다. 의각스님이 이를 기이하게 여겨 따라나서니 금빛의 까마귀가 지금의 향천사 자리에 내려앉아 물을 먹고 있었다. 이에 의각스님이 가까이 다가서니 금빛의 까마귀는 자취도 없이 사라지고 샘물에서는 그윽한 향기가 퍼지고 있었다. 의각스님이 바로 그 자리에 절을 세우고 금오산(金烏山) 향천사(香泉寺)라고 하여 이 절의 역사가 시작되었다. 금빛 까마귀와 향기로운 샘물이라는 뜻이다. 또 돌배로 싣고 온 불상들을 흰 소가 운반했는데, 이레 동안 불상을 실어나르고 향천사 입구에서 크게 고함을 지른 후 소의 몸을 벗어버리고 해탈했다고 하여 마을 사람들은 이곳에 있는 바위를 고함바위라고 부른다고 한다.

백제의 고찰로 시작된 향천사는 임진왜란을 만나면서 급속히 쇠락의 길을 걸었다. 임진왜란 당시 향천사에서 50여 명의 승병을 이끌고 계룡산 갑사의 영규대사와 합세하여 금산 전투에 참가한 멸운당 혜희스님에 대한 보복으로 왜병들이 향천사를 불태웠다는 것이다. 이 때문에 향천사는 천년 고찰의 자취를 잃어버리고 초라한 명맥만을 이어왔는데, 6·25전쟁 때 이곳으로 몸을 피해온 오대산 상원사의 보산스님의 덕화로 새 역사가 이루어져 오늘에 이르고 있다.

　향천사에서 제일 먼저 눈에 띄는 것은 나한전 앞에 자리잡은 9층 석탑이다. 임진왜란 때 파괴된 것을 얼기설기 짜맞추어서 세워 놓았는데, 지붕돌도 깨어지고 탑신부의 반 이상은 결실되었지만, 정성을 다해 수습하여 놓은 마음이 정갈한 탑의 정신을 돋보이게 한다.

　극락전 안에는 아미타불을 주불로 하고 좌우에 관세음보살, 대세지보살이 협시하는 삼존불이 있다. 임진왜란 당시 왜병들이 향천사에 불을 질렀을 때 절 아래 마을에 사는 권씨의 꿈에 이 부처님이 나타나는 이적이 있어 비몽사몽 간에 불길 속에서 내모셨다고 한다.

　극락전 앞마당에서 요사채를 지나 개울을 건너면 그윽한 숲 속에 자리잡은 천불전이 나온다. 천불전은 결제철에는 선방으로 사용되어 일반인의 출입이 금지되고 있으며, 이곳에 곱돌로 조각된 1515불의 부처님이 모셔져 있다. 본래는 3050불로 과거·현재·미래의 부처님을 총망라해 모셨는데 도둑들이 들끓어 반 이상을 잃어버렸

범종에 새겨진 유곽과 유두.

백성들의 얼굴처럼 소박한 모습을 한 천불전의 불상들.

다. 창건 당시 의각스님이 조성했다고도 하고 향천사의 부속 암자가 있던 만석골에 있던 것을 본절로 옮겨온 것이라고도 한다.

천불전의 부처님들은 머리 부분의 올록볼록한 나발은 검은색으로 칠하고 얼굴을 비롯한 몸체는 흰색으로 채색하여 마치 백의를 두르고 앉아 있는 모습이다. 그렇다고 하나같이 같은 얼굴, 같은 표정이 아니다. 모두 제 각각의 개성을 지닌 군상들로 소박한 백성들의 얼굴을 하고 있다. 그래서 언제부터인지는 모르지만 예산 사람들에게 이 부처님들은 신랑 점을 치는 부처님으로 사랑 받게 되었다. 법당 안에 들어서 첫눈에 마주치는 부처님으로부터 자기 나이만큼 차례로 세어 가서 만나는 분이 곧 자기 배우자의 모습이라는 것이다.

이 이야기는 호롱골과 예산 읍내를 배경으로 펼쳐지는 방영웅의 소설 『분례기』에서 똥례가 용팔이에게 처녀를 잃은 후, 신랑점을 치기 위해서 드리니 고개를 넘어 향천사로 오는 대목에 잘 묘사되어 있다.

멸운당 혜희스님의 부도탑에 새겨진 얼굴모양과 신랑점을 치는 부처님.

 이렇게 보면 향천사는 그리 무명의 절만도 아니다. 소설 『분례기』나 TV 드라마 「분례기」에서 한 번쯤은 마주쳤던 낯익은 이름이기도 하다.
 천불전을 나와 부도암 터로 가보니 양지바른 곳에 세 기의 부도가 서 있다. 하나는 최근의 것이고 두 기는 조선 후기에 세워진 것인데 멸운당 혜희선사 부도탑의 지붕돌에 새겨진 얼굴 모양의 조각은 앙증맞을 만큼 예쁘다.
 의각스님을 추모하여 세운 부도라 전해오는 부도탑의 기단부에 마치 단풍나무 잎사귀 같은 문양을 새긴 것도 향천사에서만 볼 수 있는 아기자기한 매력이다. 가을 단풍철이면 이 부도탑의 단풍잎 같은 잎새들이 화려하게 물들어 고운 풍치가 그 어느 산사에 부럽지 않다.

산사의 향기

극락당 앞의 만월 같은 아미타불 얼굴

옥호와 금빛 얼굴은 허공을 비추는구나

만일 사람들이 일념으로 부처님의 명호를 부른다면

잠깐 동안에 한량없는 공덕을 이루리라

－향천사 극락전 주련

향천사 찾아가는 길

자가용
경부고속도로 천안나들목으로 진입하여 21번 국도를 타고 예산읍내까지 와서 공주 방면으로 가다 쌍송 시외버스 정류소에서 좌회전하여 가면 향천사까지의 거리는 3km 정도이다.

대중교통
예산종합터미널에서 향천리 시외버스 정류소까지 5분 간격으로 버스가 운행한다. 절까지는 도보로 20분 소요.
서울 남부터미널에서 예산까지 시외버스가 07:20～19:05까지 하루 16회 운행, 2시간 30분 소요.

전화 : (041)335-3556
주소 : 충청남도 예산군 예산읍 향천리 57번지

흥국사

의승군들이 주둔했던 활인검의 도량

대웅전을 지나 불조전 계단을 오르면 흥국사에서 가장 활연한 세계를 맛볼 수 있는 팔상전과 마주한다. 깊고 그윽하며 드넓은 세계의 공간감이 진리의 세계에서 맛볼 수 있는 무한한 희열을 안겨준다. 앞산의 산세를 천연스럽게 이어주는 대웅전의 용마루 곡선도 어떤 경지를 보여준다.

興國寺

여수는 남해의 아름다운 항구도시다. 통영에서 시작하는 한려수도 300리 뱃길의 종착지이자 서남해의 섬들로 이어지는 다도해의 시발점이기도 하다. 청정해역의 황금어장을 거느리고 있어 수산업이 발전했고 "여수에 가서 돈 자랑하지 말라."는 말이 나올 정도로 활기가 넘치는 곳이다.

하지만 여수는 본래 순천부에 소속된 궁핍한 바닷가의 작은 마을이었다. 이러던 여수가 주목받기 시작한 것은 1479년 조선 성종 때 전라좌수영이 설치되고서부터다. 임진왜란 때에는 이순신 장군이 전라좌수사로 있다 삼도수군통제사가 되면서 조선 수군의 본거지가 되기도 했다. 그리하여 여수는 가는 곳마다 충무공의 자취가 서려 있다.

이순신 장군이 한산대첩을 거두자 은은한 종소리가 사흘간이나 울렸다는 종고산, 바다를 호령하듯 늠름한 모습으로 서 있는 진남관, 좌수영의 수군들이 눈물로 세운 타루비, 거북선을 만들었던 선소, 영취산 기슭에 자리잡은 흥국사 등 여수는 온통 충무공이 왜적에 맞서 싸웠던 유적들로 가득하다.

그 가운데에서도 흥국사는 활인검(活人劍)의 도량으로 이름이 높다. 활인검이란 선가(禪家)에서 쓰는 비유법으로 사악한 것을 물리치고 정의로움을 드러내는 파사현정(破邪顯正)의 공덕을 가리킨다. 임진왜란

전라좌수영이 있던 자리에 지어진 진남관은 숙종 때 지어진 지방 관아의 객사건물이다.

을 당하여 서산대사는 승군의 총대장격인 8도십육종도총섭에 올라 문도들에게 다음과 같은 격문을 띄웠다.

"병(兵)을 일으킨다 함은 살생을 일으키려 함이 아니다. 살생이란 몇몇 사람을 위해 많은 사람을 죽이는 것을 이른다. 무릇 중생을 위해 자비를 베푸는 것이 석씨(釋氏)의 일. 왜구들이 백성을 도탄에 빠지게 하는 것을 보고만 있으면서 어찌 자비를 베푼다고 할 수 있겠는가!"

살인검이 아니라 활인검을 들어 백성과 나라를 구하자고 한 서산대사의 호소는 전국의 승려들에게 퍼져 나갔고 이를 접한 문도들이 승병을 일으켜 '지하드'의 용사들처럼 용감하게 싸웠다. 비단 임진왜란뿐만 아니라 우리의 불교는 그 이전부터 신성한 불국토를 지키기 위해 성전에

창건주 보조국사의 부도가 함께 줄지어 선 고승들의 부도.

나섰던 역사가 많았다. 그렇지만 흥국사처럼 치열했던 호국의 도량은 찾아보기 어렵다.

흥국사는 임진왜란 때 3백 여 명의 승군들이 일어났던 곳이다. 사찰은 승군들의 요새가 되었으며, 흥국사 승군은 관군에 배속되지 않고 독자적인 군영을 갖추고 활동했으며, 임진왜란 후에도 해체되지 않았으며 3백 년 동안 승군들의 주둔지로 유지되었다. 특히 흥국사 승병은 수군들로 조직되어 있었다. 지금까지 알려진 승군들의 활약은 육군에 관한 것이 대부분인데 흥국사의 승군은 바다에서 싸우던 수군들로 이순신 장군의 부대와 함께 좌수영의 바다를 지키는데 혁혁한 전과를 올렸다.

1897년에는 심검당을 해체 복원하던 중 대들보에서 당시 승군들의 명부가 기록된 상량문이 나와서 주목을 받았다. 흥국사 승군은 자운(慈雲), 옥형(玉炯) 두 스님이 이끌었는데 이순신 장군이 거북선을 만드는 데 자문역할을 했다고 한다. 임진왜란이 끝나자 의승장이었던 자운선사는 백미 6백 섬을 모아 전몰장병들의 넋을 위로하고 천도하는 수륙대제를 노령 앞바다에서 베풀었고, 옥형선사는 이순신 장군의 사당이 있는 충민사 옆 석천사에 머물며 장군의 명복을 빌었다고 한다.

이처럼 위대한 호국승풍을 일으킨 흥국사였지만 정유년 재침략 때 여수 일대가 왜적에게 함락되면서 흥국사는 혹독하게 유린당해 폐허가 되고 말았다. 그 피해가 극심해 30년 동안이나 방치되어 있었는데 1624년(인조 2년)에 계특대사가 가람을 다시 일으켜 세웠고 이어서 통일대사가 중건불사를 계속하여 면모를 일신하였다. 그리하여 1764년 영조 때에는 40여 동의 전각과 14개의 암자를 거느린 거찰로 거듭났으며 승려의 수도 740여 명에 이르렀다고 한다.

웅장한 규모와 화려한 단청이 돋보이는 대웅전.

호국사찰의 도량답게 흥국사는 그 창건 때의 이야기부터 남다르다. 흥국사는 고려시대 무신정권의 전횡으로 도탄에 빠진 백성을 구하고 세속적인 가치에 젖어 있던 불교계를 비판하며 결사체를 조직하여 개혁운동을 펼쳤던 보조국사 지눌이 창건했다. 지눌스님은 팔공산에서 정혜결사를 시작하여 그 본부를 조계산 송광사로 옮긴 후 나라의 부흥과 백성의 안위를 기원할 수 있는 성지를 찾아 남도 땅을 두루 돌아다녔다. 그러던 중 한 노승을 만나 아름다운 절터를 소개받았는데 크고 작은 산봉우리가 연꽃처럼 피어오른 땅이었고, 수림이 장려하고 지세가 맑아 용의 귀처럼 비상하는 형국이었다. 노승은 "이 곳에 절을 지어 흥국사라 하면 불법이 크게 흥할 것이고 장차 이 절이 흥하면 나라가 흥하고 나라가 흥하면 절 또한 크게 흥할 것이다."라는 말을 남기고 홀연히 자취를 감추었다. 지눌스님은 이 말을 듣고 성현의 가르침이 분명하다고 생각하고 흥국사를 창건했고 산 이름을 영취산이라 불렀다.

  영취산은 중인도 마가다국 왕사성 동북쪽에 있는 산이다. 석가모니가 만년에 이곳에서 불교의 최고 경전인 법화경을 설했던 곳이다. 지눌스님이 흥국사를 창건하고 산 이름을 영취산이라 한 데는 여러 가지 의미가 담겨 있다. 과거 인도 땅에서 정법의 꽃이 피어난 곳이 영취산이었듯이 흥국사의 도량에서도 그와 같이 법화가 피어나 불국토가 실현되기를 기원하는 의미이다. 무신정권의 창궐로 피폐해진 사회질서를 바로잡고 승가가 지향해야 할 바른 길을 실천하여 나라와 사회를 바로잡고자 했던 지눌스님의 사상이 흥국사를 통해 발현된 것이다. 그리하여 흥국사는 본래 개혁불사의 선당(禪堂)으로 그 역사를 시작하였지만 나라의 변방을 지키는 비보사찰로 호국의 도량이 되었고, 임진왜란을 맞아

임진왜란 후 승병들이 쌓았다고 전해지는 무지개 다리.

서 그 뜻을 유감없이 드러낸 것이다.

창검의 소리 요란하던 병영의 주둔지와 같은 도량에서 고요히 침잠하여 선풍을 가다듬어가던 흥국사의 가람은 홍교에서부터 시작된다.

절 입구 계곡에 놓여진 무지개 모양의 돌다리인 홍교는 그 짜임새의 멋스러움이 선암사의 승선교와 견줄 만하다. 홍교는 86개의 장대석이 절묘하게 맞물려 반달모양의 곡선을 만들었는데, 이 다리를 건너면 속계를 벗어나 청정한 부처의 세계로 들어간다는 뜻이다.

홍교는 흥국사를 중창한 계특대사가 1639년에 축조한 것으로 아치의 맨 위에는 물의 기운을 제압한다는 용머리 조각이 박혀 있다. 하지만 지

바닷가에 위치한 절답게 거북이의 등 위에 세운 석등의 모습이 이채롭다.

난 1981년 폭우로 붕괴되어 다시 복원한 것이기 때문에 예전처럼 창연한 맛이 떨어지는 것이 아쉽다.

홍교를 지나 '영취산 흥국사(靈鷲山 興國寺)'라 씌어진 현판이 걸린 일주문을 지나면 양지바른 산기슭에 부도전이 있다. 부도전은 흥국사에서 머물다간 고승들의 자취이다. 창건주 보조국사 지눌의 부도에서부터 이름 없는 스님의 부도에 이르기까지 12기의 사리탑이 한 그루의 노송과 어우러져 소박하지만 경건한 자태를 이루고 있다.

부도전을 지나 울창한 숲길을 걸어가면 이윽고 눈앞이 시원하게 열리면서 영취산의 봉우리가 드러나고 그 아래 고색이 깊은 흥국사의 모습이 펼쳐진다. 영취산은 그다지 높은 산은 아니지만 여러 개의 봉우리로 피어난 부드러운 토산을 이루고 있어 웅장한 규모의 흥국사 가람을 다정하게 품고 있다.

영성문이 있었다는 작은 개울을 건너 천왕문을 들어서면 거대한 규모의 누각인 봉황루가 서 있다. 이 누각은 흥국사가 승병들의 주둔지였음을 말해주는 상징적인 건물이다. 이순신 장군이 쓴 '공북루(拱北樓)'라는 현판이 걸려 있는데 공북루는 북두(北斗)를 우러르는 집이라는 뜻이다. 공북루는 대개 성의 북쪽 문루를 가리키는 말인데, 여기에는 임금님을 받든다는 의미가 담겨 있다.

흥국사의 공북루는 방위 상 북쪽에 자리한 문루는 아니지만 공북루라 불리는 것은 이곳이 승병들의 주둔지였음을 말해주는 것이다. 이 문루는 난중에는 망루로 쓰였고 보통 때에는 병영 겸 예불처로 활용되었던 곳이다. 기록에 의하면 1591년 전라좌수영의 수군절도사로 온 이순신 장군이 이곳에서 망궐례(望闕禮)를 올렸으며 진남관 이전의 좌수영 역할도 했음을 알 수 있다.

봉황루를 지나면 이보다 한 단 높은 곳에 범종각과 법왕문이 있고, 이 문을 거쳐야만 비로소 대웅전 마당에 이르게 된다. 일반적으로 누각과 대웅전 사이는 문루 없이 단일공간으로 이루어지는 것이 상례인데 흥국사에는 법왕문이 있다. 이것은 이 도량이 승병들의 주둔지여서 군사적인 공간과 예배의 공간을 차별화시키기 위한 구성으로 보인다. 그래서 법왕문은 공북루 지역과 대웅전 지역을 분절하는 동시에 시각적으로 연결시켜주는 기능을 하고 있다.

대웅전은 호국의 도량답게 높은 기둥과 화려한 공포, 육중한 지붕에서 느껴지는 중량감으로 보는 사람을 압도하는 건축이다. 축대와 중앙 계단의 소맷돌에 장식된 천진스런 모습의 용, 거북이, 게 등의 조각이 눈길을 끄는데 모두 법화신앙의 표현물이다. 법화신앙에서는 대웅전을 지혜의 세계로 실어 나르는 반야용선이라 본다. 고통의 세계에서 신음하는 중생들을 모두 이 배에 태워서 피안의 세계로 건너간다는 것이다. 그러므로 대웅전의 축대는 파도가 넘실대는 바다에 해당되고 거기에 조각된 바다생물들은 반야용선의 의미를 더욱 명확하게 해주는 조형물이다. 법당 앞의 석등이 연꽃 위에 조각된 것이 아니라 바다거북이 등 위에 세워진 것도 그런 까닭이다.

활인검의 도량에 피어나는 매화.

홍국사 가람의 특징은 서북향을 하고 있는 점에서 방위보다는 지형에 따라 깊게 전개되는 동선의 흐름에 있다고 볼 수 있다. 홍교에서 일주문을 지나 대웅전에 이르기까지 중첩된 이미지를 통해 궁극적인 진리의 세계에 도달하는 과정을 보여준다. 그런데 그 최종적인 단계가 대웅전이 아닌 팔상전 지역이다. 대웅전과 무사전의 사잇길을 지나 불조전의 계단길을 오르면 팔상전인데 이곳에 오르면 홍국사에서 가장 활연한 세계를 맛볼 수 있다. 깊고 그윽하며 드넓은 세계의 공간감이 진리의 세계에서 맛볼 수 있는 무한한 희열을 안겨준다. 앞산자락의 산세를 천연스럽게 이어주는 대웅전의 용마루 곡선도 어떤 경지를 보여주는 듯하다.

산사의 향기

하루 종일 봄을 찾아도 봄은 안 보여

짚신이 다 닳도록 온 산을 헤매었네

봄 찾는 일 그만두고 집으로 돌아오니

울타리에 매화꽃이 한창인 것을

-경허선사

흥국사 찾아가는 길

자가용
호남고속도로를 타고 순천나들목으로 진입하여 17번 국도를 따라 여수 방면으로 내려가다 석창 사거리에서 여천공단과 흥국사를 알리는 이정표를 보고 좌회전하여 7km쯤 가면 흥국사 입구에 이른다.

대중교통
여수터미널에서 흥국사까지 52번 시내버스가 하루 14회 다닌다(30분 정도 소요).

전화 : (061)685-6433
주소 : 전라남도 여수시 중흥동 17

법천사

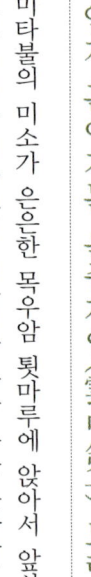

비안개 흩어지는 운중제일(雲中第一) 도량

아미타불의 미소가 은은한 목우암 툇마루에 앉아서 앞산을 바라보면 신록으로 넘치는 여름 산이 너울너울 춤을 추는 듯하다. 더욱이 비안개라도 흩어지는 날이면 인간세상을 벗어난 천상의 절집처럼 그윽해진다.

法泉寺

목포시와 무안군의 경계에 자리잡은 승달산(僧達山)은 산이 다하고 물이 모이는 곳에 반드시 대결(大結)한다는 간룡진처(幹龍盡處)의 땅이다.

　전라도의 산세를 살펴보면 호남정맥이 장성 갈재에서 두 갈래로 나뉘어진다. 한 갈래가 고창의 방장산, 영광의 불갑산을 거쳐 무안의 승달산과 목포의 유달산에 낙맥하고 다른 한 갈래는 순창의 회문산, 광주의 무등산, 영암의 월출산, 해남의 두륜산을 타고 내려 땅끝 사자봉에서 마무리된다.

　이러한 산줄기의 형세는 자신의 근본이 되는 어버이 산을 되돌아보는 회룡고조(回龍顧祖)형으로 사뭇 종교적인 색채를 짙게 간직하고 있다. 그래서 유·불·선의 구도자들이 뜻을 이룬다는 유달산(儒達山)·승달산(僧達山)·선달산(仙達山)과 같은 성지가 만들어진 것이다.

　그 중에서도 산 기운이 가장 뛰어나다는 곳이 바로 승달산이다. 풍수지리설에 따르면 승달산은 3천 년에 이르도록 문무백관이 끊이지를 않는다는 호남의 8대 명혈 중 제일의 혈처(穴處)로 꼽히는 산이다.

　승달산은 본디는 영취산이었는데 원나라의 원명(圓明)스님이 제자 5백 여 명과 함께 이곳에서 도를 깨우쳐 스님들이 도통하는 산이라 하여 승달산이 되었다고 한다. 지금도 이곳에는 스님들이 염불을 하고 있는 모습의 노승예불형(老僧禮佛形) 명당이 숨어 있으며 구도자의 땅 법천사와 목우암이 자리잡고 있다.

하늘이 감추고 땅이 숨겨 온 땅 승달산의 신령스러운 영지를 찾아가기 위해서는 먼저 끝없이 펼쳐진 남도의 붉은 황토밭을 순례해야 한다. 때맞추어 모내기를 끝낸 유월의 들녘은 이슬처럼 속살을 드러내기 시작한 푸른 벼포기들이 싱그럽게 하늘빛을 머금고 있다.

무슨 까닭인지는 모르겠지만 남도의 길을 걸어가다 보면 자신도 모르게 가슴이 뜨거워짐을 느낀다. 이 땅의 오월이 간직한 사연 때문인지 아니면 원초적으로 다가오는 저 붉은 산천의 빛깔 때문인지 모르겠지만 몸에 안길 듯이 다가오는 풍경들이 아픈 인사를 먼저 건넨다.

승달산 법천사로 가는 길은 가도가도 끝이 없는 전라도 길이다. 굽이굽이 산모퉁이와 황토밭을 돌아 이어지는 길은 들과 마을을 지나 거미

승달산으로 가는 길에 마주치는 오월 남도의 들녘.

수줍은 돌장승의
미소와 일산 선생.

줄처럼 어디론가 이어지고 있다. 그 길섶에서 내가 떠도는 행로는 세상을 버리고 떠난 사람들의 길이었다. 그 길은 강나루를 건너서 시오리 길을 흙먼지 날리는 들길로 이어지다 세속의 모든 인연을 마감하듯 사뭇 비장하게 산 속으로 들어가 버린다. 이름하여 달산리(達山里), 산에 이르는 마을의 끝이었다.

어떤 사람은 이 길에서 구도자의 발자국을 남겨 놓았으련만 나는 떠돌이 같은 정처 없음으로 첫 인연을 들여놓는다. 일반인의 출입을 금지한다는 상수원 안내문을 읽고 검문소를 통과하니 길은 옛이야기처럼 아스라하고 적막 강산처럼 고요하다.

그 고요 속에서 길은 그냥 무심하게 자신의 뱃가죽을 드러내 놓고 있다. 산문은 산문이로되 세심천이나 피안교·해탈교·일주문 같은 번거로움이 없고 맨 처음 산을 찾던 이를 맞이해 주던 모습 그대로이다.

솔바람소리는 정수리를 스치고, 온 산에 그윽한 여름 숲의 싱그러운 숨소리가 귓전을 적시는데 돌아보면 세월도 멈춰서 버릴 듯하다. 도선

참선 수행 도량으로 이름 높은 목우암의 부도.

국사의 비결이 말하는 하늘이 감추고 땅이 숨겨 온 천장지비(天藏地秘)의 땅, 그저 있는 그대로 무위(無爲)를 가르치고 있을 뿐이다.

그 길을 한참 걸어가니 그 읜한 고요 저편에 미소가 있다. 반가사유상처럼 원만하고 고고한 미소는 아니지만 마음이 환해지도록 밝아진다. 마치 가난한 절집의 공양주 보살처럼 조금은 슬퍼 보이고 조금은 부끄러운 듯한 반달 같은 미소이다. 두 손을 모으고 머리 조아릴 수밖에.

어느 무명 석수장이의 솜씨였을까. 순정 어린 마음결이 오롯이 드러나 있다. 스님들은 필시 불법을 수호하고 잡귀를 막아 낼 수 있는 위엄과 권위를 주문하였으련만, 석공은 돌 속에 숨어 있는 내자들의 마음을 찾아내듯 수줍은 웃음꽃을 피워 냈다. 승달산 골짜기에 살던 사람들의 오랜 반려자였듯 발 밑에는 축수 어린 돌탑이 쌓여 있고 콧등은 아들 못 낳은 아낙들이 벌써 쪼아 간 지 오래이다.

옛날 절골 아래 마을 사람들이 살았을 때는 아침, 저녁으로 일터에 드나드는 농부들의 인사도 받아 보았으련만, 지금은 까마득한 일이 되어 버렸고 산새들이 어깨에까지 내려와 놀다 가곤 한다.

"젊은이, 무얼 그리 열심히 쳐다보우?"

돌장승의 웃음이 피어나는 적막한 옛길에서 나는 승달산을 오르내리는 한 노인을 만났다. 그 노인은 울창한 소나무숲을 휘적휘적 헤치며 불현듯이 나타났다. 오척 단구의 다부진 몸집이었는데 목소리는 일흔 여섯의 나이가 무색하게 항아리 속같이 쩌릉쩌릉 울렸다. 오가피나무를 다려 먹으면 다리 힘이 좋아진다 하여 그 나무를 찾아 산 속을 헤매고 있다는 것이었다. 뒤에 안 일이었지만 그분의 호는 일산(一山)이었으며 범상치 않은 풍수장이였다.

일산 선생을 따라다니며 나는 승달산의 이모저모를 목격하였다. 노승예불형(老僧禮佛形)이며, 봉황새가 집으로 돌아온다는 비봉귀소혈(飛鳳歸巢穴), 구름 속에 달을 품고 있다는 운중수월혈(雲中水月形)…. 모두 도선국사가 천년 전 『옥룡자 비결』에 기록한 대지(大地)들이었다. 일산 선생은 성급히 이것저것을 물어대는 젊은 나그네에게 "산의 뜻을 알려면 적어도 천 번 정도는 오르며 마음속에 새겨야 다소나마 조화가 붙는다."고 성급한 마음을 다독여 주기도 한다.

우리는 법천사에 들러

노 비구니의 원력으로 지어진 법천사 대웅전.

늦은 점심을 얻어먹고 쓰러질 것 같은 요사채의 마루에 앉아 먼 산을 바라보았다. 일산 선생이 "저기 저 산 좀 봐. 우리를 보고 공수하고 있지 않는가?" 정말로 연꽃 같은 산봉우리들이 머리를 조아리며 예쁘게 웃고 있었다. 내가 또다시 성급하게 "저 산들이 승달산 노승예불형의 열두 상좌들인가요?" 물으니 일산 선생은 껄껄껄 웃으며 산을 내려가고 있었다. 그분

우아한 자태의 목우암 아미타불.

의 무명 도포자락에는 어느새 승달산 자락이 펄럭이기 시작했다.

　산사의 미와 문화유산에 담긴 얼을 찾아다니는 길손에게 법천사는 사실 아무런 볼거리가 없는 절이다. 절 입구를 지키는 장승 2기, 주춧돌 10여 개, 석탑재와 좌불 파편, 그리고 초라한 부도 몇 기가 있을 뿐이다. 725년 신라 성덕왕 24년에 서역의 금지국 승려 정명이 창건했다는 신비로운 설화가 있긴 하지만 믿을 만한 근거도 없다. 1162년 고려 의종 때 원나라 임천사의 승려 원명이 중창했고, 조선 후기 돌장승이 세워지던 시기에 다시 한번 중흥기를 맞았으나 무슨 연유인지 사세가 기울고 오랜 세월 폐허로 남아 있었다.

　오늘의 역사는 1964년에 활연스님이 작은 인법당을 세운 것에서 비롯되었다. 그 터에 30대 후반 나이에 목우암에서 머리를 깎고 불문에 들었다는 노 비구니 지원스님이 대원력을 세웠다.

　풀 뽑고 청소하며 고시생들 밥해 주는 일로 하루 해가 짧다는 81살

의 지원스님은 그냥 보면 시골 할머니요 공양주 보살 같다. 하지만 그이는 너그럽고 푸근한 법천사 도량이 좋아서 평생 부처님 집 하나 마련해 놓기를 서원했다. 인천 용화사 송암스님 밑에서 공부하기 위해 떠난 몇 년을 제외하고 애오라지 40년 세월을 이 일에 매달렸다. 천일기도를 하고 또 고시생들 밥값이 모이면 인근 벌목장에서 서까래며 기둥감을 하나둘씩 사모아 66살 되던 해인 1988년에 들보를 올렸다. 이렇게 이룩한 것이 오늘날 법천사의 대웅전이다. 사연을 모르고 보면 그저 그런 법당일 뿐 멋스러운 자태나 고상한 품격이 느껴지진 않지만 노 비구니의 눈물겨운 세월을 생각하면 어느 절의 법당보다도 감격스럽다.

법천사에서 고개 하나를 넘어가면 한눈에 보아도 선도량인 목우암이 있다. 이 곳은 5백 명의 제자들과 승달산에서 도인이 되었다는 전설 속의 주인공 원명스님이 초암을 짓고 살았던 곳이다. 꿈속에 소 한 마리가 나와 이 터를 점지해 주어 목우암이라 했다는데 암자의 모습은 선객처럼 단출하고 위엄을 갖추었다. 아미타불의 미소가 은은한 툇마루에 앉아서 앞산을 바라보면 신록으로 넘치는 여름 산이 너울너울 춤을 추는 듯하다. 여기에 비안개라도 흩어지는 날이면 암자는 인간세상을 벗어난 천상의 절집처럼 그윽해진다.

목우암 석등의 지붕돌.

산사의 향기

꽃 지는 곳엣 절문 깊이 닫혔고

봄 따라온 나그네 돌아갈 줄 모르네

바람은 둥우리의 학 그림자 흔들고

구름은 좌선하는 옷깃 적시네

— 청허선사

◉ 법천사 찾아가는 길

자가용
서해안고속도로 일로나들목으로 진입하여 815번 지방도로를 따라 청계 방면으로 가다 달산리 저수지 쪽으로 우회전하여 승달산 골짜기로 들어간다. 법천사와 목우암까지 모두 승용차가 들어간다.

대중교통
목포버스터미널에서 101번 시내버스나 200번 좌석버스를 이용하여 목포대학교 입구에서 내린 후 목포대학교 뒤쪽에서 등산하면 목우암과 법천사까지 40분쯤 걸린다.
목포터미널에서 1일 3회 운행하는 달산리 가는 군내버스를 탄다. 마을에서 절까지 30분 정도 걸어간다.

전화 : (061)452-3903
주소 : 전라남도 무안군 몽탄면 달산리 956번지

법주사

흰 노새가 불경을 짊어지고 와 멈추어 서다

팔상전을 뜰 앞의 탑처럼 거느리고 있는 대웅보전은 그 규모가 화엄사의 각황전에 버금갈 만큼 웅장하여 그 높이가 19미터에 이른다. 절터가 평지에 자리잡고 있는 까닭에 법당의 위용을 강조하기 위해 중층구조로 지은 백제계 건축의 특징을 잘 나타내고 있다.

法住寺

중국의 곤륜산이 뻗어와 백두산으로 솟고 그 기운이 다시 금강산, 오대산, 태백산, 속리산을 타고 내려 지리산까지 내려갔으니 그 흐름의 중심부에 속리산이 있고 법주사가 있다.

법주사는 국토의 등뼈를 이루는 백두대간의 터에 고통받는 백성들을 구제하기 위해 세운 미륵의 도량이다.

산스크리트어로 미륵은 마이트레야, 자비로운 친구를 뜻한다. 석가모니의 뒤를 이어 57억 6천만 년 후에 출현하여 세 차례의 설법을 통해 모든 중생을 구제한다는 미래의 부처님. 그래서 가난하고 상처받은 영혼들에게 미륵은 언제나 희망의 메신저였다.

삼국시대 때 속리산은 고구려, 백제, 신라가 한반도의 중원을 놓고 한판 승부를 겨루던 피비린내 나던 격전장이었다. 그래서 하루라도 창검소리가 그칠 날이 없었고 백성들의 삶은 날로 피폐해졌다. 그 전선을 뚫고 신라의 정복군주 진흥왕이 왔고 중원으로까지 진출하여 잠시 전쟁의 북소리가 멀어져갔다.

『삼국사기』는 554년 진흥왕이 백제군을 크게 격파하고 충주를 소경(小京)으로 삼아 절을 세웠으며, 그 후 소경을 순행하다 법주사 미륵전에 예배하니 군중들이 만세를 불렀다고 기록하고 있다. 그때에야 비로소 속리산에 평화가 깃들고 구원의 메시아가 찾아온 것이다.

금강문에서 천왕문, 팔상전으로 이어지는 진입공간.

법주사 창건 설화에 따르면 멀리 천축국까지 다녀온 의신 스님이 흰 노새에 불경을 싣고 왔는데, 노새가 법주사 터에 이르러 발길을 멈추고 우니 상서로운 터임을 알고 절을 지었다고 한다. 그리하여 노새의 등에 싣고 온 부처님의 법이 머물렀다 하여 법주사가 된 것이다.

그 후 이 미륵의 도량에 또 한 사람의 구도자가 찾아왔으니 바로 진표율사이다. 나당연합군에게 유린당한 백제의 고토에 금산사를 짓고 나라 잃은 백성들의 마음을 달랬던 진표율사가 미륵신앙의 새로운 성지를 찾아 금강산으로 가던 중 이곳을 지나게 되었다. 이때 소달구지를 타고 가던 농부를 만났는데 갑자기 소들이 진표율사를 보고 무릎을 꿇고 울어댔다. 이 광경을 지켜본 농부가 의아해 연유를 묻자 "이 소들은 내가 미륵, 자장 두 보살로부터 친히 계법을 받은 도인임을 알고 경배를 하는 것입니다."라고 일러주었다.

이 말을 들은 농부는 "한낱 미물인 짐승도 도인을 알아보는데 어찌 사람된 자가 이렇게 아둔할 수가 있는가." 하고 그 자리에서 낫으로 머리채를 자르고 제자가 되기를 청했다. 이로 인해 농부가 속세와 이별하고 입산한 곳이라 하여 산 이름이 속리산(俗離山)이 된 것이다.

진표율사 이래로 법주사는 금강산의 발연사, 모악산의 금산사와 함께 우리나라 3대 미륵도량이 되었다.

미륵신앙은 미륵보살이 주재하는 도솔천에 태어나기를 원하는 상생신앙과 말세적인 세상을 구제하는 하생신앙으로 나뉘어지는데, 진표율사의 미륵신앙은 현실 속에서 구원받기를 원하는 하생신앙이었다. 특히 그는 고행과 참회를 통해 지극한 신앙을 얻어 구원받고자 했다. 그래서 고난에 처한 백성들에게 희망을 불어넣기 위해 나뭇조각으로 만든 점괘를 던져 그 결과를 보고 전생의 업보와 선악을 말하는 점찰법회를 열었다. 의심이 많은 사람에게는 확신을 주고 두려움이 많은 사람에게는 안온함을 주기 위한 방편이었다. 이렇듯

160톤의 청동을 들여 만든 미륵불.

진표율사의 미륵신앙은 대중들 스스로에 의한 자각 운동의 성격을 띠었다. 이 점이 훗날 진표율사의 미륵신앙이 사회변혁사상으로 이용될 수 있는 이유였다.

미륵의 도량답게 법주사를 상징하는 것은 청동으로 만든 미륵대불이다. 진표율사 당대에 조성되었던 청동미륵대불은 정유재란 때 왜병들에 의해 녹여져 병장기가 되었고, 전란 후 복구하면서 미륵대불 대신에 금동미륵장륙삼존상을 봉안했으나 이마저도 흥선대원군이 경복궁을 중건하면서 당백전을 만들기 위해 쇳물에 부어 사라졌다. 그 후 공백기를 지나 1964년 조각가 김복진에 의해 시멘트로 미륵대불이 복원되었으나 보존상의 문제가 생겨 1986년에 헐어내고 1990년에 새롭게 청동으로 미륵대불을 완성한 것이다. 현재 33m의 대불 아래는 화강암의 석실로 거대한 용화전 법당을 지어 미륵반가사유상을 모시고 그 둘레에 성보 전시관을 꾸며 귀중한 자료들을 전시하고 있다.

그런데 특이하게도 법주사의 가람은 이 청동미륵대불을 중심으로 전개되는 것이 아니라 금강문, 천왕문에서 팔상전을 거쳐 대웅보전으로 향하는 또 하나의 축을 가지고 있다.

법주사가 창건 초기에는 미륵신앙의 법상종 도량이었지만 고려시대로 접어들면서 미륵신앙과 화엄신앙을 아우르는 이중적 신앙체계를 갖게 되었다. 그래서 법주사는 미륵불을 모신 용화보전과 비로자나불을 모신 대웅보전으로 나뉘어지는 두 개의 축을 가지게 되었고 이런 복잡한 구조에 나름대로 통일성을 부여하기 위해 팔상전을 중심에 두고 있다.

연병장처럼 넓은 터에 위용을 내보이고 있는 팔상전은 국보 제55호로 법주사를 대표하는 문화유산이다. 정유재란 때 왜병들의 방화로 불

에 탄 후 20년 공사 끝에 1626년(인조 4년) 완성되었는데, 이 건축은 우리나라 목탑의 구조를 알려주는 중요한 의미를 지니고 있다.

흔히 우리나라는 석탑의 나라로 알려져 있는데 석탑이 세워진 것은 7세기 초이고, 불교가 전래되던 4세기에서 6세기까지는 주로 목탑이 건립되었다. 이러한 사실은 신라의 황룡사 9층탑 터·고구려 청암리 절터·백제 군수리 절터의 목탑지 등에서 이미 확인되었으며, 최초의 석탑이 세워진 익산의 미륵사 터에도 9층 목탑이 있었던 자리가 확인되었다.

현재의 팔상전은 법주사 초창기에 세워진 목탑이 정유재란 때 불에 탄 후 선조 38년(1605년)부터 인조 4년(1626년)까지 22년에 걸쳐 복구한 것이다. 당시 사명대사가 이 불사를 주도했었다.

진표율사 창건 당시의 유구로 짐작되는 석조 기단 위에 5층의 규모로 올려진 이 건물은 전체 높이가 22.7m에 이르는 거대한 규모로 매우 엄

겨울 산사의 풍경은 날카로운 수행자의 정신을 닮아 있다.

숙한 느낌을 준다. 위로 올라갈수록 체감률이 급격히 축소되어 신라계 석탑처럼 안정감이 강조되어 있다. 꼭대기에는 상륜부를 장식하여 화려하게, 장엄하였는데 이처럼 목탑의 상륜부가 고스란히 남아 있는 경우는 매우 드물다. 본래는 탑이었으나 지금은 전각으로 쓰이고 있는데 부처님의 생애를 탄생에서 열반에 이르기까지 여덟 폭의 그림으로 표현한 팔상도와 오백나한상이 모셔져 있다.

팔상전을 뜰 앞의 탑처럼 거느리고 있는 대웅보전은 그 규모가 화엄사의 각황전에 버금갈 만큼 웅장하다. 정면 7칸, 측면 4칸에 2층 구조로 높이가 19m에 이른다. 절터가 평지에 자리잡고 있는 까닭에 법당의 위용을 강조하기 위해 중층 구조로 지은 백제계 건축의 특징이다.

불단에는 법신불인 비로자나불을 중심으로 보신불인 노사나불과 화신불인 석가모니불이 협시로 모셔져 있다. 이들 삼존불은 불신(佛身)을 세 종류로 표현하는 삼신설에 따른 것으로 법신불은 진리 그 자체를 인격화한 부처이며, 보신불은 오랜 수행의 과보로 얻어지는 이상적인 부처이고, 화신불은 특정한 시대와 지역에서 중생을 구제하기 위해 나타나는 부처이다. 이들 삼존불을 모셨을 경우 전각의 이름을 대적광전이나 대광명전이라 부른다. 법주사에는 대웅보전이란 편액이 걸려 있지만 본래 대웅대광명전이었던 것을 흥선대원군 때 바꾸었다고 한다.

이밖에도 법주사에는 쌍사자석등, 석련지, 희견보살상 등 독특한 문화유산이 많다. 국보 제5호인 쌍사자석등은 창건 당시에 조성된 것으로 보인다. 높이가 3.3m로 팔각 지대석 위에 두 마리 사자가 상대석과 화사석을 받치고 있는 모습이다. 팔각기둥을 대신한 두 마리 사자는 뒷발을 하대석에 버틴 채 가슴을 마주 대고 서서 앞발로 상대석을 받치고 있다. 들어올린 머리에는 갈기가 나 있고 다리와 몸에는 근육까지 세밀하게 조각되어 있다. 이것을 보면 옛사람들의 직관력과 묘사력이 얼마나 뛰어난 지 알 수 있다.

국보 제64호인 석련지(石蓮池)는 법주사의 본당이었던 용화보전 앞에 장엄물로 있었던 것으로 극락 세계의 연지를 상징하여 조각한 것이다. 팔각의 지대석 위에 받침돌을 만든 뒤 그 위에 커다란 석련지를 얹었다. 석련지 연꽃문양 사이에는 구름모양을 양각해 넣었다. 옛사람들은 이곳에 물을 담고 연꽃을 길러 꽃이 활짝 피면 그 꽃을 보고 현세에서의 극락정토를 꿈꾸었다.

원통보전 옆에 서 있는 희견보살상은 머리 위에 돌로 깎은 기물을 들고 있다. 이 기물을 바루로 보면 석가모니의 제자 가섭존자가 법의 상징인 바루를 부촉 받아 미륵불에게 전하기 위해 기다리고 있는 상이고, 불 화로로 보았을 때는 자기의 몸을 태워 부처님에게 공양한 희견보살상으로 해석할 수 있다.

5층 목탑으로 지어진 팔상전.

극락세계를 상징하는 석련지.

산사의 향기

부처님의 거룩한 빛이 온 천지에 가득 차 있으니
해탈문이 따로 있는 것이 아니고 모두 진리의 세계로다
구름이 어둡고 해가 밝은 것은 모두 내 마음의 그림자
산이 맑고 물이 푸른 것은 거울 속에 남은 흔적이라
사대천왕의 위세가 크기도 하네
이 세상 두루 다니며 통하지 않은 곳이 없도다

-법주사 천왕문 주련

법주사 찾아가는 길

자가용
중부고속도로 서청주나들목으로 진입하여 청주를 지나 25번 국도를 따라 보은으로 가서 3번 국도를 따라 말티고개를 넘어가면 법주사 입구에 이른다.

대중교통
청주시외버스터미널에서 보은터미널을 거쳐 법주사 입구까지 가는 직행버스가 10분 간격으로 있다.
서울남부터미널에서 청주 보은을 경유, 속리산까지 가는 직행버스가 하루 10회 운행한다(3시간 40분 소요). 동서울고속터미널에서 속리산행 고속버스가 하루 10회 운행한다(3시간 40분 소요).

전화 : (043)543-3615
주소 : 충청북도 보은군 내속리면 사내리 209번지
홈페이지 www.pubjusa.or.kr

낙산사

동해 바닷가에서 피어난 연꽃 한 송이

홍련암은 의상대 아래 바닷가 절벽에 세워진 작은 법당이다. 의상대사가 관음보살의 진신을 만나기 위해 이곳에 왔을 때 푸른 새가 안내했던 곳이다. 법당에 앉아 머리를 조아리면 출렁이는 물보라 속에 붉은 연꽃 한 송이가 피어 오른다.

洛山寺

겸재 정선이 그린 낙산사.

동해는 원시성의 바다이다. 하늘 끝까지 맞닿아 있는 수평선을 마주보고 서 있으면 세상의 말들은 모두가 부질없다. 쪽빛으로 물들어 헤아릴 수 없는 무한한 세계, 거기에는 애욕으로 들끓는 세상의 길들이 끊어져버리고 알 수 없는 고독과 침묵의 시간만이 남아 있다. 해가 뜨고 달이 지며, 바람이 불고 파도가 이는 바다에서의 일상은 남루한 삶을 뒤돌아보게 한다. 그래서 동해에서는 포구의 허기를 달래는 뱃고동 소리보다 영혼을 깨우는 풍경소리가 더 어울린다. 초하룻날, 바다의 심장부를 향해 촛불을 켜는 여인들처럼 삶이 절실해졌을 때 성(聖)과 속(俗)이 만나는 그 자리에 해수관음보살은 흰옷을 날리며 서 있다.

동해를 찾는 영혼들의 안식처인 낙산사는 의상대사가 세운 우리나라 최초의 관음성지로 백두대간을 타고 내려온 설악산이 바다를 연모해 내려온 작은 산언덕에 자리잡고 있다. 산은 높지 않으나 만경창파가 물결쳐 무량한 크기를 지니고 있는 터, 낙산은 인도에 있다는 보타낙가산을 음역한 말이다. 자비의 화신인 관음보살이 항상 머물러 계시는 곳을 뜻한다.

이곳에서 처음으로 관음보살을 본 이는 의상대사였다. 당나라에 유학하여 새로운 불교사상인 화엄학을 배우고 돌아온 의상대사는 전법도량을 찾아 헤매다 이곳 낙산바다를 찾아왔다. 동해의 신령한 기운이 모여 있는 바닷가 굴속에 관음보살의 진신이 머물러 계신다는 이야기를 듣고서였다.

관음신앙에는 사바세계의 중생들이 모든 고통으로부터 구원받고자 하는 강렬한 염원이 담겨 있다. 관음신앙은 극락왕생을 기원하는 아미

관음보살을 모신 원통보전과 7층 석탑.

타신앙, 새로운 세상의 도래를 꿈꾸는 미륵신앙과 더불어 우리 민족의 정신세계를 이끌어온 신앙으로 개인의 구원을 넘어 나라의 대원까지도 좌우했던 신앙의 구심점이었다.

화엄학 종주로 통일신라의 사상계를 이끌었던 의상대사가 동해바다를 순례하며 관음의 성지를 찾았다는 것은 그가 얼마나 현실주의자였는지를 말해준다. 의상은 높은 철학적 사유를 요구하는 화엄사상을 전파하기 위해 항상 백성들의 눈높이에 서서 고뇌했던 사상가였다. 추상적인 논리를 통해 우주의 본질과 세계의 실체를 규명하려 했던 화엄사상의 요체가 일반 백성들에게는 쉽게 이해될 수 없는 추상적인 명제였으므로 그는 보다 대중적인 관음신앙을 통해 백성들에게 다가서고자 했던 것이다.

관음보살은 중생들이 불 속에 갇혀 있거나 물에 빠져 있거나 도적을 만났거나 온갖 고통 속에서도 일심으로 이름을 부르면 그 소리를 듣고 찾아와서 모든 장애를 해결해주는 분이다. 또 아들딸을 낳게 해달라고 기도를 하면 모두 뜻대로 이루어지게 한다. 바로 이러한 백성들의 현실적인 기원을 신앙심으로 승화시켜 관음의 성지가 만들어진 것이다.

그날의 이야기를 『삼국유사』는 이렇게 전한다.

의상대사가 낙산 동쪽의 바위굴 앞에서 7일 동안 정성을 다해 관음보살의 진신을 보고자 했으나 뜻을 이루지 못하자 정진하던 그 자리에서 바다에 몸을 던졌다. 그 순간 바다의 신령이 홀연히 나타나 의상의 몸을 안고 굴속으로 들어갔다. 이에 감격한 의상이 하늘을 향해 절하니 하늘에서 수정염주 한 꾸러미가 내려오고 동해 용왕이 여의주를 바쳤다. 의상은 다시 7일 동안 정성을 다해 기도한 끝에 드디어 관음보살의 진신을 친견하였다.

몸을 나타낸 관음보살은 의상에게 낙산 꼭대기에 가면 대나무 한 쌍이 자라나 있으니 그 자리에 절을 세우라고 일렀다. 의상이 이 말을 좇

하늘의 별자리처럼
문양석을 박아 쌓은
원통보전의 담장.

아 절을 창건하니 바로 낙산사의 처음이다.

의상대사 이후 낙산사는 몽골족의 침입으로 잿더미가 되어 볼품없이 묻혀 있었으나 조선시대에 와서 왕실의 원찰이 되면서 화려해졌다. 세조가 금강산을 다녀오던 중 이곳에 들러 예배하고 비좁은 절집을 증축하게 했다. 당시 강원도 26개 고을에서 돌을 하나씩 가져와 홍예문을 쌓고 3층 석탑을 7층으로 올리면서 수정염주와 여의주를 탑 속에 안치했다고 한다.

현재 낙산사의 모습은 바닷가의 절이지만 푸른 소나무숲과 아담한 담장으로 둘러싸여 조용한 산중의 절간 같다. 관음보살을 모신 원통보전을 중심으로 7층 석탑과 범종각이 있으며, 별꽃무늬의 담장이 아름답다.

동해바다를 굽어보는 해수관음보살상.

원통보전은 6·25전쟁 때 불에 탄 것을 1953년에 복구한 것이지만 예로부터 낙산사의 중심 전각이었다. 본래 관음전이라 불렸으나 관음보살이 모든 일에 두루 통달해 주는 분이므로 원통보살이라고도 하여 붙여진 이름이다.

원통보전 앞에 세워진 7층 석탑은 보물 제499호로 세조가 낙산사를 중창할 때 보수한 기록이 있다. 특히 지붕돌의 추녀가 얇고 경쾌하게 반전되어 있어 아기자기한 느낌을 주는데 강릉의 신복사(神福寺) 터 3층 석탑과 비슷하다. 이 탑은 동해안 지역에서 조성된 고려시대 석탑양식이라고 보여지는데, 원래는 3층이었으나 세조 때 7층으로 중건한 것이다.

보물 제479호 낙산사 동종은 1469년 예종이 선왕인 세조를 위해 만든 범종이다. 종신(鍾身)의 중앙에 세 줄로 된 굵은 띠를 옆으로 돌려서 몸체를 위아래로 구분했다. 보통의 범종에서 볼 수 있는 띠 윗부분에 새기는 유곽(乳廓)과 유두(乳頭)를 생략했고, 그 자리에 보살상 4체를 양각했다. 이 종은 조선시대 범종 가운데 16세기 이전에 조성된 드문 예로 우리나라 범종 연구에 귀한 자료가 되는데 오늘도 예불 시간이면 이 종소리가 울려 동해바다는 낙산사와 한몸이 된다.

그러나 낙산사에서 우리의 눈길을 끄는 것은 국가에서 지정한 이런 문화재보다 원통보전을 둘러싸고 있는 담장이다. 황토흙에 기왓장을 차곡차곡 쌓아 가면서 사이사이에 동그란 문양석을 박아 넣었는데 마치 새색시의 방안에 펼쳐 놓은 별무늬 병풍처럼 예쁘다. 사방으로 트인 시원한 전망보다는 아늑한 분위기의 도량을 만들기 위해 이런 담장을 배치한 것인데 여기에 하늘의 별자리를 수놓아 꾸미려 했던 선인들의 상상력이 잔잔한 감동을 안겨준다.

원통보전을 보고 오솔길을 따라 오봉산 정상으로 가면 낙산사의 상징이 된 해수관음보살입상(海水觀音菩薩立像)이 나온다. 망망한 동해바다를 굽어보며 뭇 중생들의 염원을 다 헤아려줄 듯한 자비로운 모습이다. 이 해수관음보살입상은 1972년에 만들기 시작하여 5년 만에 완성하였는데, 크기가 16m에 이른다. 활짝 핀 연꽃 대좌 위에서 왼손은 감로수병을 들고 오른손은 살포시 들어 수인을 짓고 있다. 의상대사가 보았다는 관음보살의 모습을 다시 보는 듯 낙산사를 찾는 사람이라면 절로 발길이 머무는 곳이다.

　해수관음보살입상에서 바닷가 쪽으로 내려가면 의상대와 홍련암이 있다. 의상대는 의상대사가 관음보살을 찾아 이곳에 처음 와 산세를 살피며 좌선 수행했던 곳이라 전해진다. 옛날부터 이곳에 정자가 있어서 관동팔경으로 꼽혔으며 일출의 명소이기도 하다. 지금의 정자는 1925년에 만해 한용운이 복원한 것이다.

　홍련암은 의상대 아래 바닷가 절벽에 세워진 작은 법당이다. 의상대사가 관음보살의 진신을 만나기 위해 이곳에 왔을 때 푸른 새가 안내했던 곳이다. 의상대사가 이곳에서 정좌하고 7일 밤낮을 기도하니 붉은 연꽃 한 송이가 솟아올랐고 그 속에서 관음보살이 출현하여 무상대도를 얻었다고 한다.

　바다 위에 떠 있는 듯한 법당에 오르면 시퍼런 동해바다가 펼쳐지고 그 바다를 바라보는 법당 마루에는 작은 창이 뚫려 있다. 보타낙가산의 바닷가 절경에 머물러 계신다는 관음보살을 보기 위해 뚫어 놓은 창인데 신심 없는 길손들에게는 호기심의 대상이지만 기도하는 사람들에게는 간절한 세계로 통하는 미로처럼 신비롭다.

　법당에 앉아 머리를 조아리면 동해바다 출렁이는 물보라 속에 붉은 연꽃 한 송이가 피어 오르는 듯하다.

해돋이가 아름다운 의상대.

산사의 향기

흰옷 입은 관음보살은 말없이 말하고

남순동자는 들음 없이 듣도다

꽃병 위의 버들 항상 여름인데

바위 위의 대나무는 시방의 봄일세

-홍련암 주련

낙산사 찾아가는 길

자가용
영동고속도로 종점 현남나들목으로 진입하여 7번 국도를 따라 속초 쪽으로 올라가면 양양, 낙산해수욕장을 지나 낙산사 입구에 이른다.
양평, 홍천, 인제를 지나 한계령을 넘어 양양을 거쳐 낙산사로 가는 길도 있다.

대중교통
양양터미널에서 속초행 시내버스를 이용하여 낙산해수욕장에서 내린다.

전화 : (033)672-2448
주소 : 강원도 양양군 강현면 전진리 55번지
홈페이지 www. naksansa. or. kr
낙산사 템플스테이 '산사의 하루' 체험(신청 : (033)672-2447)

무위사

월출산 아래 자리잡은 무위자연의 절

월출산 남쪽에 자리잡은 무위사는 언제 가보아도 호젓하다. 깊은 계곡이나 높은 산에 자리잡은 고독한 수행자의 처소처럼 엄숙한 것이 아니라 애써 꾸미지 않은 소박한 아름다움이 곳곳에 스며 있어 무위라는 이름처럼 자연스러운 멋이 느껴진다.

남도의 금강산이라 불리는 월출산 남쪽에 자리잡은 무위사는 언제 가보아도 호젓하다. 깊은 계곡이나 높은 산에 자리잡은 고독한 수행자의 처소처럼 엄숙한 것이 아니라 마음씨 좋은 이웃집 아저씨를 대하듯 정감이 넘친다. 애써 꾸미지 않은 소박한 아름다움이 곳곳에 스며 있어 무위라는 이름처럼 자연스러운 멋이 느껴진다. 그래서 그 꾸밈 없는 마음으로 으뜸이 되는 진리를 깨달으라는 뜻으로 무위갑사(無爲甲寺)라 불리기도 했다.

단아한 분위기와 고풍스런 멋을 지닌 극락보전.

조선 후기 영조 때 쓰여진 『무위사 사적기』에는 신라 진평왕 39년(617년) 원효대사가 창건하고 관음사라 했다는 기록이 나온다. 그러나 당시에 이곳은 백제의 영토였고 또 그 시대의 역사를 말해줄 유물이 남아 있지 않아 사실로 믿기는 어렵다. 오히려 신라 말 월출산 아래 구림 출신이었던 도선국사가 중창하고 갈옥사(葛屋寺)라 했다는 기록이 있는데 이 때가 무위사가 창건된 시기로 추정된다.

그 후 무위사는 신라 효공왕 9년(905년)에 형미대사가 주석하면서 세상에 이름을 드러낸다. 형미대사는 장흥 보림사에서 출가하여 가지산문의 3대 조사인 보조국사 체징스님의 제자가 되었으며, 28살 때 당나라에 유학하여 육조 혜능스님의 법맥을 이어받아 돌아왔다. 이 때의 정치적 상황은 서해의 제해권을 장악한 왕건이 영산강유역의 나주까지 진출하여 후백제의 견훤을 압박하던 때이다. 왕건은 이 지역의 민심을 수습하기 위해 무진주(광주) 출신의 형미대사를 초청하여 무위사에 머물게 했는데, 사람들이 구름처럼 몰려들어 그를 추종했다고 한다. 형미대사는 일찍이 왕건이 권좌에 오를 것이라 예언했으며, 왕건의 정신적 스승이자 정치적 후견인이었다. 무위사 시절 형미대사는 왕건이 후백제 지역에서 지지를 얻을 수 있도록 큰 역할을 했고 이윽고 왕건과 함께 철원으로 올라가 활동했으나 불행하게도 궁예의 눈 밖에 나 죽임을 당하고 만다. 이를 애석하게 생각했던 왕건은 고려를 건국하자마자 곧바로 형미대사의 은덕에 보답하기 위해 선각(先覺)이란 시호를 내리고 무위사에 탑비를 세워 기념하였다. 보물 제507호로 지정된 무위사 선각대사 편광탑비가 바로 그 시절의 역사를 증언하고 있다.

형미대사로 하여 뚜렷한 사격을 갖추었던 무위사는 이후로 별다른

왕건의 스승이었던
형미대사의 탑비.

자취를 남기지 못했지만 조선시대에 들어와 다시 활기를 띠기 시작했다. 1407년 태종 때 각처의 명찰로 여러 고을의 자복사(資福寺)를 삼게 했는데 무위사는 천태종 17사 중의 하나로 서남해안의 절 중에서 가장 크게 번창했다. 당시의 화려했던 역사가 국보 제13호인 극락보전으로 남아 있다.

세종 12년(1430년)에 지어진 극락보전은 맞배지붕에 주심포를 한 단아한 건축으로 무위사를 대표하는 건축이다. 부석사 조사당, 수덕사 대웅전 같은 고려시대의 건축을 계승한 조선 초기의 건축인 극락보전은

배흘림 기둥 위에 주심포를 올린 극락보전의 공포.

임진왜란 때에도 피해를 입지 않고 원형을 보존하여 건축사 연구의 귀중한 자료가 된다.

정면 3칸, 측면 3칸의 이 법당은 백제계 건축답게 정면의 기둥 간격이 넓직한 것이 특징이다. 배흘림 기둥에 주심포를 얹어 단정한 자태가 돋보이고 내부의 구성도 기둥과 들보, 서까래가 그대로 드러나 간결하면서도 시원스런 맛을 배가시켜 준다. 그러나 무엇보다도 이 건물의 아름다움은 절묘한 용마루의 선에 있다. 팽팽하게 느껴지는 지붕선을 살짝 궁글려 우아하게 처리하였는데 이는 직선이 강조된 맞배지붕의 건축이 갖는 경직성을 순화시켜주고 보는 이로 하여금 편안함을 느낄 수 있도록 계산된 것이다. 그래서 유홍준 교수는 이 법당이 "너도 인생을 가꾸려면 내 모습처럼 되어보렴." 하고 말을 걸어온다고 표현하기도 했다.

불교가 탄압 받던 시절에 이렇게 빼어난 건축이 지어질 수 있었던 것은 국가적인 지원이 있었기에 가능했다. 나라에서 인정한 뛰어난 기술자들이 참여한데다 세종의 형님 되는 효령대군이 깊이 관여했기 때문이다. 실제로 1476년(성종 7년)에 극락전 후불벽화를 조성하고 기록한 〈무위사극락전묵서명〉을 보면 극락전 건립에 관직을 부여받은 승려들이 참여하고 있음을 알 수 있다. 이것은 무위사 극락전 건립이 조선 초기에 국가로부터 인정받았던 고급 기술자의 손으로 만들어진 건물임과 함께 국가적인 사업이었음을 짐작할 수 있게 한다.

극락보전에 모셔진 아미타삼존상과 후불벽화.

　극락보전 안에는 지장보살과 관음보살을 협시보살로 거느린 아미타삼존상이 모셔져 있다. 이 불상은 고려 후기 불상의 귀족적인 풍모를 계승한 조선 초기의 대표적인 불상으로 부드럽고 단아한 기품을 간직하고 있다.
　삼존불 뒷면에는 아미타삼존상이 후불벽화로 그려져 있는데 고려 불화의 전통을 계승한 수작이다. 부드러운 색조의 적색과 녹색으로 이루어진 색채미는 그윽한 맛이 느껴지고 화려하며 섬세한 필치는 생동감을 부여하고 있다. 색채와 묘사에 있어서는 고려 불화의 전통을 이어받았지만 구도와 인물 배치에 있어서는 새로운 시대적 변화를 보여주기도 한다. 고려 불화가 주존을 중심으로 하고 무릎 아래에 협시보살을 그리는 엄격한 상하 구도를 통해 부처의 권위를 강조하고 있음에 비해 무위사 후불벽화는 보살과 나한들이 부처를 둘러싸고 있는 원형구도를 취했다. 이것은 단독자로서의 여래상만을 높이 떠받들기보다 보살이나 나한도 함께 신앙되었던 조선 불교의 한 특성을 잘 드러낸 예이다.

후불벽화가 그려진 불단 뒤편의 벽면에도 아름다운 벽화가 있다. 넘실거리는 파도 위에서 흰 옷자락을 나부끼며 있는 수월관음도이다. 머리에는 아미타불이 묘사된 보관을 썼으며, 왼손은 감로수병을 들고 오른손은 버들가지를 잡고 있다. 아미타삼존상 후불벽화와 같은 시기에 그려진 것으로 두광(頭光)과 신광(神光)이 보름달처럼 환하게 그려져 있고, 발 아래에는 선재동자 대신에 노승의 모습이 보인다. 무릎을 꿇고 합장하는 노승의 자세에서 구도자의 모습을 느낄 수 있는데 어쩌면 이 벽화를 그린 화승 자신의 모습일지도 모르겠다.

이들 벽화는 성종 7년(1476년)에 그려진 것인데 워낙 아름다운 그림이다보니 여기에 신비로운 전설이 깃들어 있다. 법당을 완성한 뒤 백일 치성을 드리고 있는데 초라한 행색의 노승이 찾아와 법당에 벽화를 그리겠노라고 했다. 그리고 49일 동안 절대로 법당 안을 들여다봐서는 안 된다고 하며 안에서 문을 걸어 잠그고 작업에만 몰두했다.

그러나 궁금증을 참지 못한 주지 스님은 49일째 되던 날 결국 문틈으로 몰래 법당 안을 들여다보고 말았다. 법당 안에서는 파랑새 한 마리가 부리로 붓을 물어 그림을 그리고 있었다. 때마침 그림을 다 완성하고 마지막으로 관음보살의 눈동자를 찍으려는 찰나였는데, 인기척을 느낀 파랑새는 붓을 떨어뜨리고 어디론가 날아가고 말았다. 그래서 지금도 백의관음보살의 눈에는 눈동자가 없다는 것이다.

이밖에도 극락보전에는 아미타여래내영도, 석가여래설법도, 해수관음좌상도, 보살좌상도, 오불도, 비천선인도 같은 벽화가 그려져 있었는데 모두가 화려하고 섬세한 고려 불화의 전통을 이어받은 명품들이다. 이 벽화들은 1974년에 보수하면서 대부분 벽째로 뜯어내 보존각에서 따로 보관하고 있다.

바람에 흩날리는 옷자락이 생동감을 주는 수월관음도.

무위사가 이렇듯 아름다운 벽화를 간직하게 된 데에는 이곳이 조선시대 수륙사로 지정된 것과 관련이 깊다. 극락왕생을 기원하는 극락전을 건립하고 이 법당을 장엄하기 위해 아미타삼존도, 아미타여래내영도 등의 벽화를 조성한 것은 무위사에서 성대하게 베풀어졌던 수륙재(水陸齋)가 있었기 때문이다.

수륙재는 지상에 떠도는 영혼을 부처의 은덕으로 환생케 하여 전쟁에서 죽은 원혼을 위로하는 의식이다. 죽은 영혼을 달래는 수륙재를 통해 살아 남은 자의 복수심까지도 포용하려는 생명사상의 법석이 펼쳐졌으니 무위사는 그 이름처럼 화해와 평화의 도량이었던 셈이다.

산사의 향기

사랑하는 사람을 만들지 말고

미워하는 사람도 만들려 하지 말라

사랑하는 사람은 보지 못해 고통스럽고

미워하는 사람은 보는 것으로 괴롭다.

-법구경

무위사 찾아가는 길

자가용
호남고속도로 광산나들목으로 진입하여 13번 국도를 따라 송정, 나주, 영암을 거쳐 강진, 해남 방면으로 가다 월남리를 지나 무위사 이정표를 보고 3.3km쯤 가면 절 입구에 이른다.

대중교통
광주종합버스터미널에서 20분 간격으로 운행하는 강진이나 해남행 직행버스를 이용하여 성전면에서 내려 성전에서 무위사 가는 군내버스(1일 4회 운행)를 이용한다.

전화 : (061)432-4974
주소 : 전라남도 강진군 성전면 월하리 1174번지
홈페이지 www.muwisa.org

봉정사

현존 최고의 목조건축과 영산암의 아름다움

봉정사는 고려에서 조선 후기에 이르기까지 각 시대를 대표하는 건물들이 있어서 살아 있는 건축사박물관이다. 이 가운데 영산암은 분리와 통합, 단절과 연속을 의미하는 선(禪)적인 모티브를 건축적 미학으로 살려낸 최고의 건축이다.

鳳停寺

봉정사는 외갓집 같은 편안함이 느껴지는 절이다. 청아한 솔바람소리에 귀를 적시며 오솔길을 따라 오르면 고색 짙은 절집의 모습이 해맑은 자태를 드러낸다. 따사로운 햇살이 쏟아지는 양지바른 곳에 앉은 가람 배치도 그렇거니와 다른 절에서는 볼 수 없는 법당 앞의 툇마루도 길손의 마음을 푸근하게 해준다. 더구나 이 절은 고려시대에서 조선시대 후기에 이르기까지 각 시대를 대표하는 건물들이 있어서 살아 있는 건축사박물관이라 일컬어진다.

안동시 서후면 태장리 천등산 자락에 자리한 봉정사는 영주의 부석사와 떼어놓을 수 없다. 신라의 화엄종찰 부석사를 창건한 의상대사가 682년에 부석사에서 종이로 만든 봉황을 만들어 날려보내니 이곳 천등산 기슭에 내려앉았다고 한다. 그런 인연으로 의상대사는 제자 능인을 보내 이 터에 절을 짓도록 하고 봉황이 머무는 절이라는 뜻으로 봉정사라 했다.

또 능인스님이 봉정사를 짓기 전 이곳의 굴속에서 수행을 했는데 이를 본 옥황상제가 하늘나라의 등불을 내려보내 주어 깨우치도록 도와주었다는 전설이 있다. 그래서 이곳 산 이름이 '하늘이 등불을 밝혔다'는 뜻으로 천등산(天燈山)이 되었다고 한다.

이와 같은 역사로 인하여 봉정사는 부석사의 가람과 사뭇 닮아 있다.

봉정사는 천등산 자락에 둘러싸여 아늑하고 편안한 느낌의 도량이다.

구릉지의 산기슭에 축대를 쌓고 평지를 마련하여 가람을 배치하는 수법은 통일신라의 자신감의 표현이라 할 수 있다. 구릉지의 산 중턱에서 아득한 조망권을 갖춘 사원은 당시 통일신라의 지배 이념이었던 화엄사상을 전파하는데 상징적인 의미를 간직하고 있다. 그래서 전국 각지에 세워진 화엄종의 10대 사찰이 모두 이와 같은 면모를 지니고 있는 것이다.

 부석사의 대석단에 비교할 바는 아니지만 봉정사도 아기자기하게 쌓아올린 축대와 돌계단을 따라서 올라간다. 그리고 마지막 계단을 밟고 올라서면 처마 밑에 천등산 봉정사(天燈山 鳳停寺)라는 현판이 걸린

봉황새가 내려앉은 곳에 자리잡은 봉정사 가람.

누각이 서 있다. 이 누각에는 위세 높은 양반집처럼 큰 대문이 달려 있는데, 이 문을 지나 가파른 계단을 올라서야 경내에 이른다. 몸을 낮추고 경건한 모습으로 법당 앞에 이르게 하려는 옛사람들의 지혜가 담긴 것이다.

　누각 밑을 통과해 절 마당에 올라서면 웅장하면서도 고풍스런 자태의 대웅전이 모습을 드러낸다. 좌우에 화엄강당과 무량해회, 그리고 앞쪽으로 툭 터진 전망을 끌어들이는 만세루가 아늑하면서도 시원한 공간감을 연출한다. 대웅전은 정면 3칸, 측면 3칸으로 팔작지붕을 얹고 있는데 현존하는 다포계 건물로는 가장 오래된 법당이다. 다포란 지붕의 무게를 분산시키기 위해 기둥 위나 기둥 사이에 공포를 둔 형태를 말한다.

　단청이 퇴락하여 고풍스런 분위기가 느껴지는 법당에는 석가모니불을 중심으로 양쪽에 관세음보살과 대세지보살이 모셔져 있다. 몇 해 전 후불탱화를 보수하려고 걷어낸 자리에서 벽화가 발견되어 세상을 떠들

썩하게 한 적이 있었다. 가로 4m가 넘는 이 벽화는 석가모니가 영축산에서 설법하던 모습을 그린 것으로 고려시대에 유행했던 변상도의 양식을 따르고 있다. 이 벽화의 발견으로 대웅전이 고려 말기 공민왕 시절에 중건된 것으로 추정된다. 이 건물은 기둥의 간격이 다른 건물에 비해 넓은 것이 특징인데 이것은 수평적 느낌을 강조해 건축의 안정감을 돋보이게 하려고 한 탓이다. 앞면에 설치된 툇마루도 동선상의 편리성을 위해 설치된 것인데 이 툇마루의 존재로 인하여 대웅전의 수평성은 더욱 강조되고 있다.

   대웅전에서 화엄강당의 모퉁이를 돌아서면 절 속에 또 하나의 절처럼 극락전 공간이 펼쳐진다. 마당의 작은 석탑을 중심으로 극락전과 고금강, 화엄강당이 일곽을 형성하고 있다.

   극락전은 우리나라에서 가장 오래된 목조건물로 국보 제15호로 지정

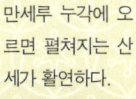

만세루 누각에 오르면 펼쳐지는 산세가 활연하다.

대웅전 법당 앞에 툇마루와 난간이 있어 마치 조선시대 사대부의 주택을 보는 듯하다.

되어 있다. 1972년 해체 복원을 했을 때 발견된 조선 인조(1635년) 때의 중수기를 보면 고려 공민왕 12년(1363년)에 중수한 것으로 나와 있어 이 건물이 처음 지어진 것은 이보다 앞선 200여 년 전쯤으로 추정할 수 있다. 따라서 1376년에 지어졌다는 부석사 무량수전보다 더 오래된 한국 최고의 목조건축이 된 것이다.

주심포양식에 맞배지붕을 한 극락전은 건축적인 완성미보다 신라 때부터 지켜온 전통적인 구조 방식을 따른 유일한 건물이라는 점 때문에 가치가 높다. 부석사 무량수전이나 수덕사 대웅전과 같이 주심포양식을 따르고 있으면서도 공포와 지붕틀을 구성하는 부재들의 형태와 결구 방식이 차이가 있다. 예를 들면, 건물 외벽의 바깥으로 튀어나온 대들보 한 부분을 몇 개의 짧은 직선으로 끊어서 가공했다거나 신라 때부터 사용되어 온 주심포양식을 그대로 지켜 지었다는 것 등이다. 또 극락전은 정면보다 측면이 1칸 넓은 구조로 짜여진 특이한 집이다. 크지 않은 절집임에도 불구하고 측면에 5개의 기둥을 세워 4칸짜리 집을 지은 것이다. 그에 반해 정면은 3칸에 불과하다. 이러한 구조를 보이다 보니 안정감이나 균제미는 조금 떨어진 건축이 되고 말았다.

극락전 정면에 단 문의 형식은 이 건물이 고려 때 것임을 보여준다. 3칸 정문 중 가운데만 나무판 문을 달고 양옆은 나무 살대를 세로로 지른 채광용 창을 뚫었다. 이런 형식은 고려시대 이전의 건물에서 보이는 모습이다. 가운데 문이 작은데다 햇빛이 들어올 수 있는 공간이 넉넉지 않아 극락전 안은 무척 어두운 편이다. 그래서인지 창을 통해 들어와 전돌 바닥에 떨어졌다가 반사한 빛을 받을 수 있도록 불상을 안치했다.

대웅전과 극락전, 그리고 부속건물인 화엄강당, 고금당, 무량해회 등

현존하는 최고의 목조건축인 극락전.

 을 둘러보고 찾아갈 곳은 봉정사의 부속 암자인 영산암이다. 봉정사에서 동쪽으로 난 돌계단을 따라 오르면 봉정사처럼 누각 아래로 들어가는 문이 보이고 그 문을 통과해 작은 절 마당에 이르면 오밀조밀한 여러 채의 건물들이 펼쳐진다. 우화루와 승방, 송암당이 ㄷ자 모양으로 전개되는 아래채와 염화실, 삼성각, 응진당으로 이루어진 위채가 서로 분절되어 있는 듯하지만 그 경계에 우아한 자태를 드러낸 소나무의 무성한 그늘로 하여 일체화된 흐름으로 승화되어 있다. 분리와 통합, 단절과 연속을 의미하는 선(禪)적인 모티브를 건축적 미학으로 살려낸 매우 뛰어난 공간의 미학을 연출하고 있다. 이런 오묘한 아름다움이 스며 있기에 심금을 울렸던 영화 '달마가 동쪽으로 간 까닭은'과 '동승'이 만들어질 수 있었다.

 우화루 누각에 올라 천등산에서 불어오는 솔바람소리나 처마 밑에서 울리는 풍경소리를 듣게 된다면 적막한 산사에서 듣는 소리 한 결에도 인생의 의미와 자연의 섭리가 들어 있음을 깨닫게 된다. 퇴락한 듯 창연한 암자의 모습이 더욱 쓸쓸해 보이는 날 암자는 어느 생에선가 꼭 한 번은 들려본 것 같은 그리움이 묻어난다.

산사의 향기

바다 밑 제비집에 사슴이 알을 품고

타는 불속 거미집엔 고기가 차를 달이네

이 집안 소식을 뉘라서 알것인가

흰 구름은 서쪽으로 달은 동쪽으로

-효봉선사

봉정사 찾아가는 길

자가용
중앙고속도로 서안동나들목으로 진입하여 안동 시내 쪽으로 들어오다 송야교 앞에서 봉정사 이정표를 보고 좌회전하여 서후면 소재지를 지나 태장면 삼거리에서 다시 좌회전하여 가면 봉정사에 이른다.

대중교통
서울에서는 고속버스나 기차를 타고 안동까지 내려가 51번 시내버스를 탄다(40분 소요).
안동 – 봉정사 06:00, 08:15, 14:20, 17:35, 19:00
봉정사 – 안동 07:00, 09:15, 15:15, 18:15, 19:35

전화 : (054)853-4181
주소 : 경상북도 안동시 서후면 태장리 901번지
홈페이지 www.bongjeongsa.org
사전에 예약하면 영산암에서 정진하는 사찰체험 프로그램에 참가할 수 있다.

불국사

불국정토 세계를 펼쳐 내는 대석단의 미

불국사는 신라인들이 가지고 있었던 자신감의 표출이자 국가적인 기념사업이었다. 동해에서 피어오르는 아침 안개와 흰 구름을 머금고 토해내는 토함산 기슭에 자신들이 가지고 있는 문화적 역량을 총동원하여 아름답고 조화로운 부처님의 나라를 건설한 것이다.

범부의 세계와 부처의 세계를 구분하는 대석단의 아름다움.

경주 하면 제일 먼저 떠오르는 곳이 불국사이다. 그만큼 많은 사람들이 다녀갔고 지금도 일주문에서 무설전을 지나 비로전 뒤뜰에까지 줄지어 늘어선 관광객들로 만원을 이루고 있다.

　하지만 불국사는 그 유명세 때문에 이 땅에서 가장 상처받은 절집일지 모른다. 어디선가 너무 익숙하게 보아왔고 또 많은 사람이 붐비고 있기에 불국사는 오히려 그 아름다움과 가치를 제대로 보여주지 못하고 있다.

　그렇지만 불국사를 빼놓고 신라의 예술을 말할 수 없듯이 불국사를 보지 않고 한국의 불교문화를 논할 수 없다. 거기에는 부처님의 법이 도래한 이래 이 땅의 백성들이 꿈꾸고 염원했던 이상향의 세계가 고스란히 담겨 있기 때문이다.

　『삼국유사』는 경덕왕 10년(751년)에 김대성이 전생의 부모를 위해 석굴암을 세우고 현생의 부모를 위해서 불국사를 창건했다고 전한다. 김대성은 신라의 재상으로 막강한 부와 권력을 가진 인물이었다. 그러나 설화의 내용처럼 이와 같은 대역사가 온전한 개인의 발원으로 이루어졌다고 볼 수는 없다. 불국사는 부처님의 사상에 뿌리를 두고 삼국 통일의 위업을 달성한 신라인들이 가지고 있었던 자신감의 표출이자 국가적인 기념사업이었다. 동해에서 피어오르는 아침 안개와 흰 구름을 머금고 토해내는 토함산 기슭에 자신들이 가지고 있는 문화적 역량을 총동원하여 아름답고 조화로운 부처님의 나라를 건설한 것이다.

　그리하여 불국사는 주불을 모신 중심 전각을 축으로 부속 전각이 펼쳐지는 기존 사찰과는 사뭇 다르게 설계되었다. 현세의 불국정토를 관장하는 석가여래가 계시는 대웅전 영역을 중심으로 서방정토를 상징하는 극락전 영역, 연화장의 세계를 상징하는 비로전 영역, 그리고 민중의 생활 속에 밀착되었던 관음신앙의 영역에 이르기까지 불국사는 하나의 가람 안에 신라인들이 추구했던 모든 불교적 세계관을 구현해 내고 있다. 이름 그대로 지상에 건설한 불국정토의 세계가 된 것이다.

그 화려하고 장엄한 세계를 창조해낸 모티브가 대석단이다. 마치 목조가구를 연상케 하듯이 정교하게 축조된 이 대석단은 절터가 산기슭에 위치한 까닭에 평평한 대지를 얻기 위해 만들어진 것이지만 여기에는 부처의 세계와 범부의 세계를 양분하는 상징적 의미가 담겨져 있다.

범영루와 대칭을 이룬 좌경루.

흐르는 계곡의 물을 건너 속세에서 정토의 세계로 들어가는 가람 배치처럼 불국사는 대석단을 통하여 거룩한 부처의 세계에 목도했음을 깨닫게 해준다.

돌계단을 구성하는 돌들은 제각기 크기가 달라 마치 원래부터 정해진 자리를 찾아 모인 듯 절묘한 느낌이다. 잘 다듬어진 장대석의 기둥들 사이에 배치된 자연석들은 마치 정성스럽게 오려 붙인 조각보를 연상케 한다. 또 중간의 돌 띠를 따라 불쑥불쑥 튀어나온 쐐기 돌은 목조건축에서 사용되던 첨차의 형태를 그대로 본뜬 것이다. 단조롭고 평면적으로 보이기 쉬운 석축에 화려한 장식성을 부여하는 아이디어다. 저마다의 개성을 지닌 자연석과 매끈하게 다듬어진 인공석이 어우러져 펼쳐지는 대석단의 파노라마는 마치 범부의 세계와 부처의 세계가 조화를 이룬 화엄의 꽃밭을 보는 듯하다.

이 아름다운 돌계단으로 오르던 길에 청운교, 백운교, 연화교, 칠보교가 있다. 지상의 세계와 천상의 세계를 이어주는 이 멋진 다리에는 아랫부분에 무지개 모양의 홍예가 있어 물을 건너다니던 구조물이었음을 알 수 있다. 한 걸음 한 걸음 정성스런 수행의 과정을 밟고서 깨달음의 세계에 오르듯이 바다와 같은 강물을 건너야 천상의 세계에 오를 수 있음을 상징하는 것이다.

연못이 있던 자리에 놓여진 청운교의 무지개다리.

청운교, 백운교의 계단을 밟고 올라서면 부처님이 계시는 피안의 세계에 이르게 된다.

목조구조처럼 화려한 다보탑.

더욱 흥미로운 것은 이들 계단의 숫자가 33개로 불교의 33천의 세계를 상징하고 있는 점이다. 33천은 사바세계와 불국정토 사이에 있는 33개의 세계를 의미하는데, 이 세계를 모두 통과해야만 깨달음의 경지에 이를 수 있다. 신라인들은 이 길 위에 서방정토에서 환생하는 의미를 담고 있는 연꽃을 새겨 놓았다. 그러므로 이 길은 한 잎 한 잎 꽃잎을 밟고 불국정토의 세계로 가는 길이 되는 것이다. 불국사 대석단이 어떤 의미로 만들어졌는지 보다 명료해지는 상징이다.

1969년 발굴 조사 때 대석단 아래에서 거대한 규모의 연못이 확인되었다. 지금도 백운교 서쪽 편의 축대에는 연못으로 물줄기가 떨어지던 수구 장치가 남아 있는데 무설전 뒤편 토함산의 지하 수맥이 대웅전 밑을 통과해 유입되었다. 이 수구에서 떨어지는 물은 폭포처럼 물보라를 일으켰고 거기에 햇빛이 스치면 오색 찬란한 무지개가 떴다. 잔잔한 수면 위에 대석단과 불국사의 전면이 그림자를 드리우면 실제보다 두 배나 크고 아름다운 모습으로 다가왔을 것이다. 더욱이 그 위에 무지개가 떠 있는 모습은 환상을 넘어선 찬란한 세계로 바로 신라인이 꿈꾸는 극락정토였던 것이다.

그 아름다운 돌다리를 지나 부처의 세계에 들어서면 대웅전 앞마당에는 석가탑과 다보탑이 서 있다. 불국사를 창조해낸 예술혼의 정수라 할 수 있는 이 두 탑은 서로 전혀 다른 모습을 하고 있지만 주변 분위기와 어우러져 불국정토의 핵심을 차지하는 상징물로 승화되어 있다.

석가탑이 간결하고 남성적인 조형미를 보이는 탑이라면 다보탑은 기발한 착상으로 이루어진 파격미의 걸작이다. 이들 두 탑의 본래 이름은 석가여래 상주설법탑이고, 다보여래 상주증명탑으로 『법화경』에 나오

석가탑 주위의 팔방 금강좌는 석가여래가 깨달음을 얻자 팔부신중이 내려와 호위하던 자리다.

는 내용을 도상화한 것이다.

다보여래는 석가여래 이전의 부처로서 동방의 보정(寶淨)이라는 나라 출신인데 성불하기 전 보살로 있을 때 이런 말을 남겼다고 한다. "내가 부처가 되어 죽은 후 어디서든지 누가 법화경을 설하는 곳이 있으면 그 앞에 탑 모양으로 솟아나 참 잘하는 일이다라고 증명하리라."

다보여래가 세상을 뜨고 훗날 석가여래가 영축산에 올라 『법화경』을 설하자 칠보탑으로 우뚝 솟아나 이를 증명했다고 한다. 석가탑과 다보탑은 그날의 아름다운 역사를 재현한 것이다. 그리고 그날의 향기로운 말씀은 오늘도 온 누리에 메아리치며 불국정토 꿈을 노래하고 있는 것이다.

산사의 향기

잠 못 드는 사람에게 밤은 길고

피곤한 사람에게 길은 멀 듯이

진리를 모르는 어리석은 사람에게

생사의 밤은 길고도 멀어라

— 법구경

불국사 찾아가는 길

자가용

경부고속도로 경주나들목으로 진입하여 울산 방면 7번 국도를 따라가다 불국사역 앞 구정동 로터리에서 좌회전해 902번 지방도로를 이용, 2.5km쯤 가면 불국사 앞 주차장에 이른다. 보문단지를 지나 덕동호 못미처 삼거리에서 우회전해서 갈 수도 있다.

대중교통

경주시내에서 불국사까지 10번, 11번 시내버스가 수시로 운행한다.

전화 : (054)746-9912
주소 : 경상북도 경주시 진현동 15번지
홈 페이지 www. bulguksa. or. kr

가림출판사 · 가림M&B · 가림Let's에서 나온 책들

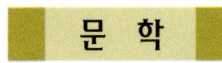
문학

바늘구멍
켄 폴리트 지음 / 홍영의 옮김 / 신국판 / 342쪽 / 5,300원

레베카의 열쇠
켄 폴리트 지음 / 손연숙 옮김 / 신국판 / 492쪽 / 6,800원

암병선
니시무라 쥬코 지음 / 홍영의 옮김 / 신국판 / 300쪽 / 4,800원

첫키스한 얘기 말해도 될까
김정미 외 7명 지음 / 신국판 / 228쪽 / 4,000원

사미인곡 上·中·下
김충호 지음 / 신국판 / 각 권 5,000원

이내의 끝자리
박수완 스님 지음 / 국판변형 / 132쪽 / 3,000원

너는 왜 나에게 다가서야 했는지
김충호 지음 / 국판변형 / 124쪽 / 3,000원

세계의 명언
편집부 엮음 / 신국판 / 322쪽 / 5,000원

여자가 알아야 할 101가지 지혜
제인 아서 엮음 / 지창숙 옮김 / 4·6판 / 132쪽 / 5,000원

현명한 사람이 읽는 지혜로운 이야기
이정민 엮음 / 신국판 / 236쪽 / 6,500원

성공적인 표정이 당신을 바꾼다
마츠오 도오루 지음 / 홍영의 옮김 / 신국판 / 240쪽/ 7,500원

태양의 법
오오카와 류우호오 지음 / 민병수 옮김 / 신국판 / 246쪽 / 8,500원

영원의 법
오오카와 류우호오 지음 / 민병수 옮김 / 신국판 / 240쪽 / 8,000원

석가의 본심
오오카와 류우호오 지음 / 민병수 옮김 / 신국판 / 246쪽 / 10,000원

옛 사람들의 재치와 웃음
강형중·김경익 편저 / 신국판 / 316쪽 / 8,000원

지혜의 쉼터
쇼펜하우어 지음 / 김충호 엮음 / 4·6판 양장본 / 160쪽 / 4,300원

헤세가 너에게
헤르만 헤세 지음 / 홍영의 엮음 / 4·6판 양장본 / 144쪽 / 4,500원

사랑보다 소중한 삶의 의미
크리슈나무르티 지음 / 최윤영 엮음 / 신국판 / 180쪽 / 4,000원

장자-어찌하여 알 속에 털이 있다 하는가
홍영의 엮음 / 4·6판 / 180쪽 / 4,000원

논어-배우고 때로 익히면 즐겁지 아니한가
신도희 엮음 / 4·6판 / 180쪽 / 4,000원

맹자-가까이 있는데 어찌 먼 데서 구하려 하는가
홍영의 엮음 / 4·6판 / 180쪽 / 4,000원

아름다운 세상을 만드는 사랑의 메시지 365
DuMont monte Verlag 엮음 / 정성호 옮김
독일에서 출간 이후 1백만 권 이상 판매된 베스트셀러. 특별히 소중한 사람을 행복하게 만드는 독창적인 사랑고백법 365가지를 수록한 마음이 따뜻해지는 책. 4·6판 변형 양장본 / 240쪽 / 8,000원

황금의 법
오오카와 류우호오 지음 / 민병수 옮김
불법진리의 연구 및 공부를 통하여 종교적 깨달음의 깊이를 더해 주는 불서. 신국판 / 320쪽 / 12,000원

왜 여자는 바람을 피우는가?
기젤라 룬테 지음 / 김현성·진정미 옮김
각계 각층의 여자들과의 인터뷰를 바탕으로 하여 여자들이 바람 피우는 이유를 진솔하게 해부한 여성 탐구서. 국판 / 200쪽 / 7,000원

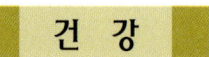
건강

식초건강요법
건강식품연구회 엮음 / 신재용(해성한의원 원장) 감수
가장 쉽게 구할 수 있고 경제적인 식품이면서 상상할 수 없을 정도로 뛰어난 약효를 지닌 식초의 모든 것을 담은 건강지침서!
신국판 / 224쪽 / 6,000원

아름다운 피부미용법
이순희(한독피부미용학원 원장) 지음
피부조직에 대한 기초 이론과 우리 몸의 생리를 알려줌으로써 아름다운 피부, 젊은 피부를 오래 유지할 수 있는 비결 제시!
신국판 / 296쪽 / 6,000원

버섯건강요법
김병각 외 6명 지음
종양 억제율 100%에 가까운 96.7%를 나타내는 기적의 약용버섯 등 신비의 버섯을 통하여 암을 치료하고 비만, 당뇨, 고혈압, 동맥경화 등 각종 성인병 예방을 위한 생활 건강 지침서! 신국판 / 286쪽 / 8,000원

성인병과 암을 정복하는 유기게르마늄
이상현 편저 / 캬오 샤오이 감수
최근 들어 각광을 받고 있는 새로운 치료제인 유기게르마늄을 통한 성인병, 각종 암의 치료에 대해 상세히 소개. 신국판 / 312쪽 / 9,000원

난치성 피부병
생약효소연구원 지음
현대의학으로도 치유불가능했던 난치성 피부병인 건선·아토피(태열)의 완치요법이 수록된 건강지침서. 신국판 / 232쪽 / 7,500원

新 방약합편
정도명 편역
자신의 병을 알고 증세에 맞춰 스스로 처방을 할 수 있고 조제할 수 있는

보약 506가지 수록. 신국판 / 416쪽 / 15,000원

자연치료의학
오홍근(신경정신과 의학박사 · 자연의학박사) 지음
대한민국 최초의 자연의학박사가 밝힌 신비의 자연치료의학으로 자연산물을 이용하여 부작용 없이 치료하는 건강 생활 비법 공개!!
신국판 / 472쪽 / 15,000원

약초의 활용과 가정한방
이인성 지음
주변의 흔한 식물과 약초를 활용하여 각종 질병을 간편하게 예방 · 치료할 수 있는 비법제시. 신국판 / 384쪽 / 8,500원

역전의학
이시하라 유미 지음 / 유태종 감수
일반상식으로 알고 있는 건강상식에 대해 전혀 새로운 관점에서 비판하고 아울러 새로운 방법들을 제시하는 건강 혁명 서적!! 신국판 / 286쪽 / 8,500원

이은희식 순수피부미용법
이순희(한독피부미용학원 원장) 지음
자신의 피부에 맞는 관리법으로 스스로 피부관리를 할 수 있는 방법을 제시하고 책 속 부록으로 천연팩 재료 사전과 피부 타입별 팩 고르기.
신국판 / 304쪽 / 7,000원

21세기 당뇨병 예방과 치료법
이현철(연세대 의대 내과 교수) 지음
세계 최초 유전자 치료법을 개발한 저자가 당뇨병과 대항하여 가장 확실하게 이길 수 있는 당뇨병에 대한 올바른 이론과 발병시 대처 방법을 상세하게 수록! 신국판 / 360쪽 / 9,500원

신재용의 민의학 동의보감
신재용(해성한의원 원장) 지음
주변의 흔한 먹거리를 이용하여 신비의 명약이나 보약으로 활용할 수 있는 건강 지침서로서 저자가 TV나 라디오에서 다 밝히지 못한 한방 및 민간요법까지 상세히 수록!! 신국판 / 476쪽 / 10,000원

치매 알면 치매 이긴다
배오성(백상한방병원 원장) 지음
B.O.S.치료법으로 뇌세포의 기능을 활성시키고 엔돌핀의 분비효과를 극대화시켜 증상에 맞는 한약 처방을 병행하여 치매를 치유하는 획기적인 치유법 제시. 신국판 / 312쪽 / 10,000원

21세기 건강혁명 밥상 위의 보약 생식
최경순 지음
항암식품으로, 다이어트식으로, 젊고 탄력적인 피부를 유지할 수 있게 해주는 자연식으로의 생식을 소개하여 현대인들의 건강 길라잡이가 되도록 하였다. 신국판 / 348쪽 / 9,800원

기치유와 기공수련
윤한홍(기치유 연구회 회장) 지음
누구나 노력만 하면 개발할 수 있고 활용할 수 있는 기 수련 방법과 기치유 개발 방법 소개. 신국판 / 340쪽 / 12,000원

만병의 근원 스트레스 원인과 퇴치
김지혁(김지혁한의원 원장) 지음
만병의 근원인 스트레스를 속속들이 파헤치고 예방법까지 속시원하게 제시.. 신국판 / 324쪽 / 9,500원

김종성 박사의 뇌졸중 119
김종성 지음
우리나라 사망원인 1위, 뇌졸중 분야의 최고 권위자인 저자가 일상생활에서의 건강관리부터 환자간호에 이르기까지 뇌졸중의 예방, 치료법 등 모든 것 수록. 신국판 / 356쪽 / 12,000원

탈모 예방과 모발 클리닉
장정훈 · 전재홍 지음
미용적인 측면과 우리가 일상적으로 고민하고 궁금해 하는 털에 관한 내용들을 다양하고 재미있게 예들을 들어가면서 흥미롭게 풀어간 것이 이 책의 특징. 신국판 / 252쪽 / 8,000원

구태규의 100% 성공 다이어트
구태규 지음
하이틴 영화배우의 다이어트 체험서.
저자만의 다이어트법을 제시하면서 바람직한 다이어트에 대해서도 알려준다. 건강하게 날씬해지고 싶은 사람들을 위한 필독서!
4×6배판 변형 / 240쪽 / 9,900원

암 예방과 치료법
이춘기 지음
암환자와 가족들을 위해서 암의 치료방법에서부터 합병증의 예방 및 암이 생기기 전에 알 수 있는 방법에 이르기까지 상세하게 해설해 놓은 책.
신국판 / 296쪽 / 11,000원

알기 쉬운 위장병 예방과 치료법
민영일 지음
소화기관인 위와 관련 기관들의 여러 질환을 발병 원인, 증상, 치료법을 중심으로 알기 쉽게 해설해 놓은 건강서. 신국판 / 328쪽 / 9,900원

이온 체내혁명
노보루 야마노이 지음 / 김병관 옮김
새로운 건강관리 이론으로 주목을 받고 있는 음이온을 통해 건강을 돌볼 수 있는 방법 제시. 신국판 / 272쪽 / 9,500원

어혈과 사혈요법
정지천 지음
침과 부항요법 등을 사용하여 모든 질병을 다스릴 수 방법과 우리 주변에서 흔하게 접할 수 있는 각 질병의 상황별 처치를 혈자리 그림과 함께 해설. 신국판 / 308쪽 / 12,000원

약손 경락마사지로 건강미인 만들기
고정환 지음
경락과 민족 고유의 정신 약손을 결합시킨 약손 성형경락 마사지로 수술하지 않고도 자신이 원하는 부위를 고치는 방법을 제시하는 건강 미용서.
4×6배판 변형 / 284쪽 / 15,000원

정유정의 LOVE DIET
정유정 지음
널리 알려진 온갖 다이어트 방법으로 살을 빼려고 노력했던 저자의 고통스러웠던 다이어트 체험담이 실려 있어 지금 살 때문에 고민하는 사람들이 가슴에 와 닿는 나만의 다이어트 계획을 나름대로 세울 수 있을 것이다.
4×6배판 변형 / 196쪽 / 10,500원

머리에서 발끝까지 예뻐지는 부분다이어트
신상만 · 김선민 지음
한약을 먹거나 침을 맞아 살을 빼는 방법, 아로마요법을 이용한 다이어트법, 운동을 이용한 부분만의 해소법 등이 실려 있으므로 나에게 맞는 방법을 선택해 날씬하고 예쁜 몸매를 만들 수 있을 것이다.
4×6배판 변형 / 196쪽 / 11,000원

알기 쉬운 심장병 119
박승정 지음
서울아산병원 심장 내과에 있는 저자가 심장병에 관해 심장질환이 생기는 원인, 증상, 치료법을 중심으로 내용을 상세하게 해설해 놓은 건강서.
신국판 / 248쪽 / 9,000원

알기 쉬운 고혈압 119
이정균 지음
생활 속의 고혈압에 관해 일반인들이 관심을 가지고 예방할 수 있도록 고혈압의 원인, 증상, 합병증 등을 상세하게 해설해 놓은 건강서.
신국판 / 304쪽 / 10,000원

여성을 위한 부인과질환의 예방과 치료
차선희 지음
남들에게는 말할 수 없는 증상들로 고민하고 있는 여성들을 위해 부인암, 골다공증, 빈혈 등 부인과질환을 원인 및 치료방법을 중심으로 설명한 여성건강 정보서. 신국판 / 304쪽 / 10,000원

알기 쉬운 아토피 119
이승규 · 임승엽 · 김문호 · 안유일 지음
감기처럼 흔하지만 암만큼 무서운 아토피 피부염의 원인에서부터 증상, 치료방법, 임상사례, 민간요법을 적용한 환자들의 경험담 등 수록.
신국판 / 232쪽 / 9,500원

120세에 도전한다
이권행 지음
아프지 않고 건강하게 오래 살기를 바라는 현대인들에게 우리 체질에 맞는 식생활습관, 심신 활동, 생활습관, 체질별 · 나이별 양생법을 소개. 장수하고픈 독자들의 궁금증을 풀어줄 것이다.   신국판 / 308쪽 / 11,000원

건강과 아름다움을 만드는 요가
정판식 · 노진이 지음
책을 보고서 집에서 혼자서도 할 수 있는 요가법 수록. 각종 질병에 따른 요가 수정체조법도 담았으며, 별책 부록으로 한눈에 보는 요가 차트 수록.
4×6배판 변형 / 224쪽 / 14,000원

우리 아이 건강하고 아름다운 롱다리 만들기
김성훈 지음
키 작은 우리 아이를 롱다리로 만드는 비법공개. 식사습관과 생활습관만의 변화로도 키를 크게 할 수 있으므로 키 작은 자녀를 둔 부모의 고민을 해결해 준다.   대국전판 / 236쪽 / 10,500원

알기 쉬운 허리디스크 예방과 치료
이종서 지음
이환 인구가 전 국민을 대상으로 할 정도로 빈도가 높은 허리디스크와 요통에 관한 모든 것 수록. 전문가들의 의견, 허리병의 치료에서 가장 중요한 운동치료, 허리디스크와 요통에 관해 언론에서 잘못 소개한 기사나 과장 보도한 기사, 대상이 광범위함으로써 생기고 있는 사이비 의술 및 상업적인 의술을 시행하는 상업적인 병원 등을 소개함으로써 허리병을 앓고 있는 사람들에게 정확하고 올바른 지식을 전달하고자 하는 길라잡이서.
대국전판 / 336쪽 / 12,000원

소아과 전문의에게 듣는 알기 쉬운 소아과 119
신영규 · 이강우 · 최성항 지음
새내기 엄마, 아빠를 위해 올바른 육아법을 제시하고 각종 질병에 대한 치료법 및 예방법, 응급처치법을 소개.   4×6배판 변형 / 280쪽 / 14,000원

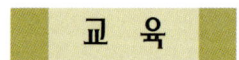
교육

우리 교육의 창조적 백색혁명
원상기 지음 / 신국판 / 206쪽 / 6,000원

현대생활과 체육
조창남 외 5명 공저
각종 현대병의 원인과 예방 및 운동요법에 대한 이론과 요즘 각광받는 골프 · 스키 · 볼링 등의 레저스포츠 총망라한 생활체육 총서.
신국판 / 340쪽 / 10,000원

퍼펙트 MBA
IAE유학네트 지음 / 신국판 / 400쪽 / 12,000원

유학길라잡이 Ⅰ -미국편
IAE유학네트 지음 / 4×6배판 / 372쪽 / 13,900원

유학길라잡이 Ⅱ - 4개국편
IAE유학네트 지음 / 4×6배판 / 348쪽 / 13,900원

조기유학길라잡이.com
IAE유학네트 지음 / 4×6배판 / 428쪽 / 15,000원

현대인의 건강생활
박상호 외 5명 공저
현대인들의 건강한 삶을 위한 사회체육의 중요성을 강조. 건강과 체력 증진을 위한 기본상식, 노인과 건강 등 이론과 스쿼시 · 스키 · 윈드 서핑 등 레저스포츠 등의 실기편으로 이루어진 알찬 내용 수록.
4×6배판 / 268쪽 / 15,000원

천재아이로 키우는 두뇌훈련
나카마츠 요시로 지음 / 민병수 옮김
머리가 좋은 아이로 키우기 위한 환경 만들기, 식사, 운동 등 연령별 두뇌훈련법 소개.   국판 / 288쪽 / 9,500원

두뇌혁명
나카마츠 요시로 지음 / 민병수 옮김
『뇌내혁명』 하루야마 시게오의 추천작!!
어른들을 위한 두뇌 개발서로, 풍요로운 인생을 만들기 위한 '뇌'와 '몸' 자극법 제시.   4×6판 양장본 / 288쪽 / 12,000원

테마별 고사성어로 익히는 한자
김경익 지음
세글자, 네글자로 이루어진 고사성어를 통해 실용한자를 익히고 성어 속에 담긴 의미도 오늘에 맞게 재해석 해보는 한자 학습서.
4×6배판 변형 / 248쪽 / 9,800원

生생 공부비법
이은승 지음
국내 최초 수학과외 수출의 주인공 이은승이 개발한 자기만의 맞춤식 공부학습법 소개. 공부도 하는 법을 알면 목표를 달성할 수 있다고 용기를 북돋우어 주는 실전 공부 비법서.   대국전판 / 272쪽 / 9,500원

자녀를 성공시키는 습관만들기
배은경 지음
성공하는 자녀를 꿈꾸는 부모들이 알아야 할 자녀 교육법 소개. 부모는 자녀 인생의 주연이 아님을 알아야 하며 부모의 좋은 습관, 건전한 생각이 자녀의 성공 인생을 가져온다는 내용을 담은 부모 및 자녀 모두를 위한 자기계발서.   대국전판 / 232쪽 / 9,500원

취미 · 실용

김진국과 같이 배우는 와인의 세계
김진국 지음
포도주 역사에서 분류, 원료 포도의 종류와 재배, 양조 · 숙성 · 저장, 시음법, 어울리는 요리와 와인의 유통과 소비, 와인 시장의 현황과 전망, 와인 판매 요령, 와인의 보관과 재고의 회전, '와인 양조 비밀의 모든 것'을 동영상으로 제작한 CD까지, 와인의 모든 것이 담긴 종합학습서.
국배판 변형 양장본(올 컬러판) / 208쪽 / 30,000원

경제 · 경영

CEO가 될 수 있는 성공법칙 101가지
김승룡 편역 / 신국판 / 320쪽 / 9,500원

정보소프트
김승룡 지음 / 신국판 / 324쪽 / 6,000원

기획대사전
다카하시 겐코 지음 / 홍영의 옮김

기획에 관련된 모든 사항을 실례와 도표를 통하여 초보자에서 프로기획맨에 이르기까지 효율적으로 활용할 수 있도록 체계적으로 총망라하였다.
신국판 / 552쪽 / 19,500원

맨손창업·맞춤창업 BEST 74
양혜숙 지음
창업대행 현장 전문가가 추천하는 유망업종을 7가지 주제별로 나누어 수록한 맞춤창업서로 창업예비자들에게 창업의 길을 밝혀줄 발로 뛰면서 만든 실무 지침서!! 신국판 / 416쪽 / 12,000원

무자본, 무점포 창업! FAX 한 대면 성공한다
다카시로 고시 지음 / 홍영의 옮김 / 신국판 / 226쪽 / 7,500원

성공하는 기업의 인간경영
중소기업 노무 연구회 편저 / 홍영의 옮김
무한경쟁시대에서 각 기업들의 다양한 경영 실태 속에서 인사·노무 관리 개선에 있어서 기업의 효율을 높이고 발전을 이룰 수 있는 원칙을 제시.
신국판 / 368쪽 / 11,000원

21세기 IT가 세계를 지배한다
김광희 지음
21세기 화두로 떠오른 IT혁명의 경쟁력에 대해서 전문가의 논리적이고 철저한 해설과 더불어 매장 끝까지 실제 사례를 곁들여 설명.
신국판 / 380쪽 / 12,000원

경제기사로 부자아빠 만들기
김기태·신현태·박근수 공저
날마다 배달되는 경제기사를 꼼꼼히 챙겨보는 사람만이 현대생활에서 부자가 될 수 있다. 언론인의 현장감각과 학자의 전문성을 접목시킨 것이 이 책의 특징! 누구나 이 책을 읽고 경제원리를 체득, 경제예측을 할 수 있게 준비된 생활경제서다. 신국판 / 388쪽 / 12,000원

포스트 PC의 주역 정보가전과 무선인터넷
김광희 지음
포스트 PC의 주역으로 급부상하고 있는 정보가전과 무선인터넷 그리고 이를 구현하기 위한 관련 테크놀러지를 체계적으로 소개.
신국판 / 356쪽 / 12,000원

성공하는 사람들의 마케팅 바이블
채수명 지음
최근의 이론을 보완하여 내놓은 마케팅 관련 실무서. 마케팅의 정보전략, 핵심요소, 컨설팅실무까지 저자의 노하우와 창의적인 이론이 결합된 마케팅서. 신국판 / 328쪽 / 12,000원

느린 비즈니스로 돌아가라
사카모토 게이이치 지음 / 정성호 옮김
미국식 스피드 경영에 익숙해져 현실의 오류를 간과하고 있는 사람들을 위한 어떻게 팔 것인가보다 무엇을 팔 것인가를 차분히 설명하는 마케팅 컨설턴트의 대안 제시서! 신국판 / 276쪽 / 9,000원

적은 돈으로 큰돈 벌 수 있는 부동산 재테크
이원재 지음
700만 원으로 부동산 재테크에 뛰어들어 100배 불린 저자가 부동산 재테크를 계획하고 있는 사람들이 반드시 알아두어야 할 내용을 경험담을 담아 해설해 놓은 경제서. 신국판 / 340쪽 / 12,000원

바이오혁명
이주영 지음
21세기 국가간 경쟁부문으로 새로이 떠오르고 있는 바이오혁명에 관한 기초지식을 언론사에 몸담고 있는 현직 기자가 아주 쉽게 해설해 놓은 바이오 가이드서. 바이오 관련 용어 해설 수록. 신국판 / 328쪽 / 12,000원

성공하는 사람들의 자기혁신 경영기술
채수명 지음
자기 계발을 통한 신지식 자기경영마인드를 갖추어야 한다는 전제 아래 그 방법을 자세하게 알려주는 자기계발 지침서. 신국판 / 344쪽 / 12,000원

CFO
교텐 토요오·타하라 오키시 지음 / 민병수 옮김
일반인들에게 생소한 용어인 CFO. 세계화에 발맞추어 기업이 경쟁력을 갖추려면 CFO, 즉 최고 재무책임자의 역할이 지금까지와는 완전히 달라져야 한다. 이에 기업을 이끌어가는 새로운 키잡이로서의 CFO의 역할, 위상 등을 일본의 기업을 중심으로 하여 알아보고 바람직한 방향을 제시한다. 신국판 / 312쪽 / 12,000원

네트워크시대 네트워크마케팅
임동학 지음
학력, 사회적 지위 등에 관계 없이 자신이 노력한 만큼 돈을 벌 수 있는 네트워크마케팅에 관해 알려주는 안내서. 신국판 / 376쪽 /12,000원

성공리더의 7가지 조건
다이앤 트레이시·윌리엄 모건 지음 / 지창영 옮김
개인과 팀, 조직관계의 개선을 위한 방향제시 및 실천을 위한 안내자 역할을 해주는 책. 현장에서 활용할 수 있는 실용서.
신국판 / 360쪽 / 13,000원

김종결의 성공창업
김종결 지음
누구나 창업을 할 수는 있지만 아무나 돈을 버는 것은 아니다라는 전제 아래 중견 연기자로서, 음식점 사장님으로 성공한 탤런트 김종결의 성공비결을 통해 창업전략과 성공전략을 제시한다. 신국판 / 340쪽 / 12,000원

최적의 타이밍에 내 집 마련하는 기술
이원재 지음
부동산을 통한 재테크의 첫걸음 '내 집 마련'의 결정판. 체계적이고 한눈에 쏙 들어 오는 '내 집 장만 과정'을 쉽게 풀어놓은 부동산재테크서.
신국판 / 248쪽 / 10,500원

컨설팅 세일즈 Consulting sales
임동학 지음
발로 뛰는 영업이 아니라 머리로 하는 영업이 절실히 요구되는 시대 상황에 맞추어 고객지향의 세일즈, 과제해결 세일즈, 구매자와 공급자 간에 서로 만족하는 세일즈법 제시. 대국전판 / 336쪽 / 13,000원

연봉 10억 만들기
김농주 지음
연봉으로 말해지는 임금을 재테크 하여 부자가 될 수 있는 방법 제시. 고액의 연봉을 받기 위해서 개인이 갖추어야 할 실무적 능력, 태도, 마음가짐, 재테크 수단 등을 각 주제에 따라 구체적으로 제시함으로써 부자를 꿈꾸는 사람들이 그 희망을 이룰 수 있게 해준다. 국판 / 216쪽 / 10,000원

주5일제 근무에 따른 한국형 주말창업
최효진 지음
주일 근무제 시행에 따른 주말 48시간을 활용하여 자기 사업을 할 수 있는 길 제시. 우리나라 실정에 맞는 주말창업 아이템의 제시 및 창업시 필요한 정보를 얻을 수 있는 곳, 주의해야 할 점, 실전 인터넷 쇼핑몰 창업, 표준사업계획서 등을 수록하여 지금 당장이라도 내 사업을 할 수 있게 해주는 창업 길라잡이서. 신국판 변형 양장본 / 216쪽 / 10,000원

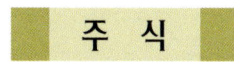

주 식

개미군단 대박맞이 주식투자
홍성걸(한양증권 투자분석팀 팀장) 지음
초보에서 인터넷을 활용한 주식투자까지 필자의 현장에서의 경험을 바탕으로 한 주식 성공전략의 모든 정보 수록. 신국판 / 310쪽 / 9,500원

알고 하자! 돈 되는 주식투자
이길영 외 2명 공저
일본과 미국의 주식시장을 철저한 분석과 데이터화를 통해 한국 주식시장

의 투자의 흐름을 파악함으로써 한국 주식시장에서의 확실한 성공전략 제시!! 신국판 / 388쪽 / 12,500원

항상 당하기만 하는 개미들의 때도·매수타이밍 999% 적중 노하우
강경무 지음
승부사를 꿈꾸며 와신상담하는 모든 이들에게 희망의 등불이 될 것을 확신하는 Jusicman이 주식시장에서 돈벌고 성공할 수 있는 비결 전격공개!!
신국판 / 336쪽 / 12,000원

부자 만들기 주식성공클리닉
이창회 지음
저자의 경험담을 섞어서 주식이란 무엇인가를 풀어서 써놓은 주식입문서. 초보자와 자신을 성찰해볼 기회를 가지려는 기존의 투자자를 위해 태어났다. 신국판 / 372쪽 / 11,500원

선물·옵션 이론과 실전매매
이창회 지음
선물과 옵션시장에서 일반인들이 실패하는 원인을 분석하고, 반드시 지켜야 할 투자원칙에 따라 유형별로 실전 매매 테크닉을 터득함으로써 투자를 성공적으로 할 수 있게 한 지침서!! 신국판 / 372쪽 / 12,000원

너무나 쉬워 재미있는 주가차트
홍성무 지음
주식시장에서는 차트 분석을 통해 주가를 예측하는 투자자만이 주식투자에서 성공하므로 차트에서 급소를 신속, 정확하게 뽑아내 매매타이밍을 잡는 방법을 알려주는 주식투자 지침서. 4×6배판 / 216쪽 / 15,000원

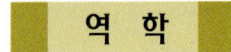

역리종합 만세력 정도명 편저 / 신국판 / 532쪽 / 10,500원
작명대전 정보국 지음 / 신국판 / 460쪽 / 12,000원
하락이수 해설 이천교 편저 / 신국판 / 620쪽 / 27,000원
현대인의 창조적 관상과 수상 백운산 지음 / 신국판 / 344쪽 / 9,000원
대운용신영부적 정재원 지음 / 신국판 양장본 / 750쪽 / 39,000원
사주비결활용법 이세진 지음 / 신국판 / 392쪽 / 12,000원
컴퓨터세대를 위한 新 성명학대전 박용찬 지음 / 신국판 / 388쪽 / 11,000원
길흉화복 꿈풀이 비법 백운산 지음 / 신국판 / 410쪽 / 12,000원
새천년 작명컨설팅 정재원 지음 / 신국판 / 470쪽 / 13,000원
백운산의 신세대 궁합 백운산 지음 / 신국판 / 304쪽 / 9,500원
동자삼 작명학 남시모 지음 / 신국판 / 496쪽 / 15,000원
구성학의 기초 문길여 지음 / 신국판 / 412쪽 / 12,000원

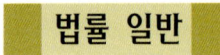

여성을 위한 성범죄 법률상식
조명원(변호사) 지음
성희롱에서 성폭력범죄까지 여성이었기 때문에 특히 말 못하고 당해야만 했던 이 땅의 여성들을 위한 성범죄 법률상식서. 사례별 법적 대응방법 제시. 신국판 / 248쪽 / 8,000원

아파트 난방비 75% 절감방법
고영근 지음
예비역 공군소장이 잘못 부과된 아파트 난방비를 최고 75%까지 줄일 수 있는 방법을 구체적인 법적 근거를 토대로 작성한 아파트 난방비 절감방법 제시. 신국판 / 238쪽 / 8,000원

일반인이 꼭 알아야 할 절세전략 173선
최성호(공인회계사) 지음
세법을 제대로 알면 돈이 보인다.
현직 공인중계사가 알려주는 합법적으로 세금을 덜 내고 돈을 버는 절세전략의 모든 것! 신국판 / 392쪽 / 12,000원

변호사와 함께하는 부동산 경매
최환주(변호사) 지음
새 상가건물임대차보호법에 따른 권리분석과 채무자나 세입자의 권리방어 기법을 제시한다. 또한 새 민사집행법에 따른 각 사례별 해설도 수록. 신국판 / 404쪽 / 13,000원

혼자서 쉽고 빠르게 할 수 있는 소액재판
김재용·김종철 공저
나홀로 소액재판을 할 수 있도록 소장작성에서 판결까지의 실제 재판과정을 상세하게 수록하여 이 책 한 권이면 모든 것을 완벽하게 해결할 수 있다. 신국판 / 312쪽 / 9,500원

"술 한 잔 사겠다"는 말에서 찾아보는 채권·채무
변환철 지음
일반인들이 꼭 알아야 할 채권·채무에 관한 법률 사항을 빠짐없이 수록. 신국판 / 408쪽 / 13,000원

알기쉬운 부동산 세무 길라잡이
이건우 지음
부동산에 관련된 모든 세금을 알기 쉽게 단계별로 해설. 합리적이고 탈세가 아닌 적법한 절세법 제시. 신국판 / 400쪽 / 13,000원

알기쉬운 어음, 수표 길라잡이
변환철(변호사) 지음
어음, 수표의 발행에서부터 도난 또는 분실한 경우의 공시최고와 제권판결에 이르기까지 어음, 수표 관련 법률사항을 쉽고도 상세하게 압축해 놓은 생활법률서. 신국판 / 328쪽 / 11,000원

제조물책임법
강동근·윤종성 공저
제품의 설계, 제조, 표시상의 결함으로 소비자가 피해를 입었을 때 제조업자가 배상책임을 져야 하는 제조물책임 시대를 맞아 제조업자가 갖추어야 할 법률적 지식을 조목조목 설명해 놓은 법률서. 신국판 / 368쪽 / 13,000원

알기 쉬운 주5일근무에 따른 임금·연봉제 실무
문강분 지음
최근의 행정해석과 판례를 중심으로 임금관련 문제를 정리하고 기업에서 관심이 많은 연봉제 및 성과배분제, 비정규직문제, 여성근로자문제 등의 이슈들과 주40시간제 법개정, 퇴직연금제 도입 등 최근의 법·시행령 개정사항을 모두 수록한 임금·연봉제실무 지침서.
4×6배판 변형 / 544쪽 / 35,000원

변호사 없이 담담히 이길 수 있는 형사소송
김대환 지음
우리 생활과 함께 숨쉬는 형사법 서식을 구체적인 사례와 함께 소개. 내 손으로 간결하고 명확한 고소장·항소장·상고장 등 형사소송서식을 작성할 수 있다. 형사소송 관련 서식 디스켓 수록. 신국판 / 304쪽 / 13,000원

변호사 없이 담담히 이길 수 있는 민사소송
김대환 지음
민사, 호적과 가사를 포함한 생활과 밀접한 관련이 있는 생활법률 전반을 보통 사람들이 가장 궁금해하는 내용을 위주로 하여 사례를 들어가며 아주 쉽게 풀어놓은 민사 실무서. 신국판 / 412쪽 / 14,500원

생활법률

부동산 생활법률의 기본지식
대한법률연구회 지음 / 김원중 감수
부동산관련 기초지식과 분쟁해결을 위한 노하우, 테크닉을 제시하고 권두 특집으로 주택건설종합계획과 부동산 관련 정부주요 시책을 소개하였다.
신국판 / 480쪽 / 12,000원

고소장 · 내용증명 생활법률의 기본지식
하태웅 지음
스스로 고소 · 고발장을 작성할 수 있도록 예문과 서식을 함께 소개. 또 민사소송에 대해서도 자세하게 설명. 신국판 / 440쪽 / 12,000원

노동 관련 생활법률의 기본지식
남동희 지음
4만 여 건 이상의 무료 상담을 계속하고 있는 저자의 상담 사례를 통해 문답식으로 풀어나가는 노동 관련 생활법률 해설의 최신 결정판.
신국판 / 528쪽 / 14,000원

외국인 근로자 생활법률의 기본지식
남동희 지음
외국인 연수협력단의 자문위원으로 오랜 시간 실무를 접했던 저자의 경험을 바탕으로 외국인 근로자의 체류자격 및 취업자격 등 법적 문제와 법률적 지위를 상세하게 다루었다. 신국판 / 400쪽 / 12,000원

계약작성 생활법률의 기본지식
이상도 지음
국민생활과 직결된 계약법의 기초를 이루는 핵심 기본지식을 간단명료한 해설 및 관련 계약서 작성 예문과 함께 제시. 신국판 / 560쪽 / 14,500원

지적재산 생활법률의 기본지식
이상도 · 조의제 공저
현대 산업사회에서 중요시되고 있는 특허, 실용신안, 의장, 상표, 저작권, 컴퓨터프로그램저작권 등 지적재산의 모든 것을 체계화하여 한 권으로 요약하였다. 신국판 / 496쪽 / 14,000원

부당노동행위와 부당해고 생활법률의 기본지식
박영수 지음
노사관계 핵심사항인 부당노동행위와 정리해고 · 징계해고를 중심으로 간단 명료한 해설과 더불어 대법원 판례, 노동위원회에 의한 구제절차, 소송절차 및 노동부 업무처리지침을 소개. 신국판 / 432쪽 / 14,000원

주택 · 상가임대차 생활법률의 기본지식
김운용 지음
전세업자들이 보증금 반환소송이나 민사소송, 경매절차까지의 기본적인 흐름을 알 수 있도록 인터넷을 통한 실제 법률 상담을 전격 수록.
신국판 / 480쪽 / 14,000원

하도급거래 생활법률의 기본지식
김진흥 지음
경제적 약자인 하도급자를 위하여 하도급거래 관련 필수적인 법률사안들을 쉽게 해설함과 동시에 실무에 필요한 12가지 하도급표준계약서를 소개. 신국판 / 440쪽 / 14,000원

이혼소송과 재산분할 생활법률의 기본지식
박동섭 지음
이혼과 관련하여 해결해야 할 법률문제들을 저자의 실무경험을 바탕으로 명쾌하게 해설하였다. 아울러 약혼이나 사실혼파기로 인한 위자료문제도 함께 다루어 가정문제로 고민하는 사람들에게 길잡이가 되도록 하였다.
신국판 / 460쪽 / 14,000원

부동산등기 생활법률의 기본지식
정상태 지음
등기를 하지 않으면 어떤 위험이 따르고, 등기를 하면 어떤 효력이 생기는 가! 등기신청은 어떻게 하며, 필요한 서류는 무엇이고, 등기종류에는 어떤 것들이 있는가 등 부동산등기 전반에 걸쳐 일반인이 꼭 알아야 할 법률상식을 간추려 간단, 명료하게 해설하였다. 신국판 / 456쪽 / 14,000원

기업경영 생활법률의 기본지식
안동섭 지음
사업을 구상하고 있는 사람이나 현재 경영하고 있는 사람 및 관리실무자에게 필요한 법률을 체계적으로 알려주고 관련 법률서식과 서식작성 예문도 함께 소개. 신국판 / 466쪽 / 14,000원

교통사고 생활법률의 기본지식
박정무 · 전병찬 공저
교통사고 당사자가 쉽게 응용할 수 있도록 단계별 해결책을 제시함과 동시에 사고유형별 Q&A를 통하여 상세한 법률자문 역할을 하였다.
신국판 / 480쪽 / 14,000원

소송서식 생활법률의 기본지식
김대환 지음
일상생활과 밀접한 소송서식을 중심으로 소장작성부터 판결을 받을 때까지 그 서식작성요령을 서식마다 항목별로 자세하게 설명하였다.
신국판 / 480쪽 / 14,000원

호적 · 가사소송 생활법률의 기본지식
정주수 지음
개명, 성 · 본 창설, 취적절차 및 법원의 허가 및 판결에 의한 호적정정절차, 친권 · 후견절차, 실종선고 · 부재선고절차에 상세한 해설과 함께 신고서식 작성요령과 구비할 서류 및 재판절차에 대하여 자세히 설명.
신국판 / 516쪽 / 14,000원

상속과 세금 생활법률의 기본지식
박동섭 지음
상속재산분할, 상속회복청구, 유류분반환청구, 상속세부과처분취소 등 상속관련 사건들을 해결하는 데 도움이 되도록 상속과 상속세법을 상세하게 함께 수록. 신국판 / 480쪽 / 14,000원

담보 · 보증 생활법률의 기본지식
류창호 지음
살아가다 보면 담보를 제공하거나 보증을 서는 일이 비일비재하다. 이렇게 담보를 제공하거나 보증을 섰는데 문제가 생겼을 때의 해결방법을 법조항 설명과 함께 실례를 실어 알아 본다. 신국판 / 436쪽 / 14,000원

소비자보호 생활법률의 기본지식
김성천 지음
소비자의 권리 실현 보장 관련 법률 및 소비자 파산 문제를 상세한 해설 · 판례와 함께 모두 수록. 신국판 / 504쪽 / 15,000원

처세

성공적인 삶을 추구하는 여성들에게 **우먼파워**
조안 커너 · 모이라 레이너 공저 / 지창영 옮김
사회의 여성을 향한 냉대와 편견의 벽을 깨뜨리고 성공적인 삶을 이루려는 여성들이 갖추어야 할 자세 및 삶의 이정표 제시!!
신국판 / 352쪽 / 8,800원

이익이 되는 말 損해가 되는 말
우메시마 미요 지음 / 정성호 옮김
직장이나 집안에서 언제나 주고받는 일상의 화제를 모아 실음으로써 대화의 참의미를 깨닫고 비즈니스를 성공적으로 이끌기 위한 대화술을 키우는 방법 제시!! 신국판 / 304쪽 / 9,000원

성공하는 사람들의 **화술테크닉**
민영욱 지음
개인간의 사적인 대화에서부터 대중을 위한 공적인 강연에 이르기까지 어

떻게 말하고 어떻게 스피치를 할 것인가에 관한 지침서.
신국판 / 320쪽 / 9,500원

부자들의 생활습관 가난한 사람들의 생활습관
다케우치 야스오 지음 / 홍영의 옮김
경제학의 발상을 기본으로 하여 사람들이 살아가면서 생활에서 생각해 볼 수 있는 이익을 보는 생활습관과 손해를 보는 생활습관을 수록, 독자 자신에게 맞는 생활습관의 기본 전략을 설계할 수 있도록 제시.
신국판 / 320쪽 / 9,800원

코끼리 귀를 닮은 원숭이-히딩크식 창의력을 배우자
강충인 지음
코끼리와 원숭이의 우화를 히딩크의 창조적 경영기법과 리더십에 대비하여 자기혁신, 기업혁신을 꾀하는 창의력 개발법을 제시.
신국판 / 208쪽 / 8,500원

성공하려면 유머와 위트로 무장하라
민영욱 지음
21세기에 들어 새로운 추세를 형성하고 있는 말 잘하기. 이러한 추세에 맞추어 현재 스피치 강사로 활약하고 있는 저자가 말을 잘하는 방법과 유머와 위트를 만들고 즐기는 방법을 제시한다. 신국판 / 292쪽 / 9,500원

등소평의 오뚝이전략
조창남 편저
중국 역사상 정치·경제·학문 등의 분야에서 최고 위치에 오른 리더들의 인재활용, 상황 극복법 등 처세 전략·전술을 통해 이 시대의 성공인으로 자리매김하는 해법 제시. 신국판 / 304쪽 / 9,500원

노무현 화술과 화법을 통한 이미지 변화
이현정 지음
현재 불교방송에서 활동하고 있는 이현정 아나운서의 화술 길라잡이서. 노무현 대통령의 독특한 화술과 화법을 통해 리더로서, 성공인으로서 갖추어야 할 화술 화법을 배우는 화술 실용서. 신국판 / 320쪽 / 10,000원

성공하는 사람들의 토론의 법칙
민영욱 지음
다양한 사람들의 다양한 욕구를 하나로 응집시키는 수단으로 등장하고 있는 토론에 관해 간단하고 쉽게 제시한 토론 길라잡이서.
신국판 / 280쪽 / 9,500원

사람은 칭찬을 먹고산다
민영욱 지음
말 한마디에 천냥 빚을 갚는다는 속담이 있다. 현대에서 성공하는 사람으로 남기 위해서는 남을 칭찬할 줄도 알아야 한다. 성공하는 사람이 되기 위해서 알아야 할 칭찬 스피치의 기법, 특징 등을 실생활에 적용해 설명해놓은 성공처세 지침서. 신국판 / 268쪽 / 9,500원

사과의 기술
김농주 지음
미안하다는 말에 인색한 한국인들에게 "I'm sorry."가 성공을 위한 처세 기법으로 다가온다. 직장, 가정 등 다양한 환경에서 사과 한마디의 의미, 기능을 알아보고 효율성을 가진 사과가 되기 위해 갖추어야 할 조건을 제시한다. 신국판 변형 양장본 / 200쪽 / 10,000원

취업 경쟁력을 높여라
김농주 지음
각 기업별 특성 및 취업 정보 분석과 예비 취업자의 능력 개발, 자신의 적성에 맞는 직종과 직장을 잡는 법을 상세하게 수록. 신국판 / 280쪽 / 12,000원

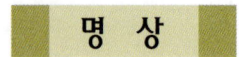

명상으로 얻는 깨달음
달라이 라마 지음 / 지창영 옮김
티베트의 정신적 지도자이자 실질적 지도자인 달라이 라마의 수많은 가르

침 가운데 현대인에게 필요해지고 있는 안내에 대한 이야기.
국판 / 320쪽 / 9,000원

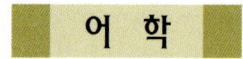

2진법 영어
이상도 지음
2진법 영어의 비결을 통해서 기존 영어학습 방법의 단점을 말끔히 해소시켜 주는 최초로 공개되는 고효율 영어학습 방법. 적은 시간을 투자하여 영어의 모든 것을 획기적으로 향상시킬 수 있는 비법을 제시한다.
4×6배판 변형 / 328쪽 / 13,000원

한 방으로 끝내는 영어
고제윤 지음
일상생활에서의 이야기를 바탕으로 하는 영어강의로 영어문법은 재미없고 지루하다고 생각하는 이 땅의 모든 사람들의 상식을 깨면서 학습 효과를 높이기 위한 공부방법을 제시하는 새로운 영어학습서.
신국판 / 316쪽 / 9,800원

한 방으로 끝내는 영단어
김승엽 지음 / 김수경·카렌다 감수
일상생활에서 우리가 무심코 던지는 영어 한마디가 당신의 영어수준을 드러낸다는 사실을 깨닫게 하는 영어 실용서. 풍부한 예문을 통해 참영어를 배우겠다는 사람, 무역업이나 관광 안내업에 종사하는 사람, 영어권 나라로 이민을 가려는 사람들에게 많은 도움을 줄 것이다.
4×6배판 변형 / 236쪽 / 9,800원

해도해도 안 되던 영어회화 하루에 30분씩 90일이면 끝낸다
Carrot Korea 편집부 지음
온라인과 오프라인을 넘나들면서 영어학습자들의 각광을 받고 있는 린다의 현지 생활 영어 수록. 교과서에서 배울 수 없었던 생생한 실생활 영어를 90일 학습으로 모두 끝낼 수 있다. 4×6배판 변형 / 260쪽 / 11,000원

바로 활용할 수 있는 기초생활영어
김수경 지음
다양한 상황에 대처할 수 있도록 인사나 감정 표현, 전화나 교통, 장소 및 기타 여러 사항에 관한 기초생활영어를 총망라. 신국판 / 240쪽 / 10,000원

바로 활용할 수 있는 비즈니스영어
김수경 지음
해외 출장시, 외국의 바이어 접견시 기본적으로 사용할 수 있는 상황별 센텐스를 수록하여 해외 출장 준비 및 외국 바이어 접견을 완벽하게 끝낼 수 있게 했다. 신국판 / 252쪽 / 10,000원

생존영어55
홍일록 지음
살아 있는 영어를 익힐 수 있는 기회 제공. 반드시 알아야 할 핵심 센텐스를 저자가 미국 현지에서 겪었던 황당한 사건들과 함께 수록, 재미도 느낄 수 있다. 신국판 / 224쪽 / 8,500원

필수 여행영어회화
한현숙 지음
해외로 여행을 갔을 때 원어민에게 바로 통할 수 있는 발음 수록. 자신 있고 당당한 자기 표현으로 즐거운 여행을 할 수 있도록 손안의 가이드 역할을 해줄 것이다. 4×6판 변형 / 328쪽 / 7,000원

필수 여행일어회화
윤영자 지음
가깝고도 먼 나라라고 흔히 말해지는 일본을 제대로 알기 위해, 일본을 체험해보기 위해 노력하는 사람들에게 손안의 가이드 역할을 하는 실전 일어회화집. 일어 초보자들을 위한 한글 발음 표기 및 필수 단어 수록.
4×6판 변형 / 264쪽 / 6,500원

필수 여행중국어회화
이은진 지음
중국을 경험하기 위해 출발하는 중국어 경험자와 초보자를 위한 회화 길라잡이서. 중국에서의 생활이나 여행에 꼭 필요한 상황별 회화, 반드시 알아야 할 1500여 개의 단어에 한자병음과 우리말 표기를 원음에 가깝게 달아놓았으므로 든든한 도우미가 되어 줄 것이다. 4×6판 변형 / 256쪽 / 7,000원

영어로 배우는 중국어
김승엽 지음
중국으로 여행을 가거나 출장을 가는 사람들이 알아두어야 할 기초 생활 회화와 여행 회화를 영어, 중국어 동시에 익힐 수 있게 내용을 구성. 중국어를 배우는데 도움이 되도록 문법 설명도 함께 담아 시간을 절약하면서 2개 국어를 공부할 수 있는 것이 장점. 더불어 중국에 관한 상식도 담아 회화 공부 도중 지루함을 덜어 주는 배려도 있지 않고 있다.
신국판 / 216쪽 / 9,000원

필수 여행스페인어회화
유연창 지음
정열의 나라라고 불리는 스페인을 여행하고자 하는 사람들에게 꼭 필요한 기본 스페인어 회화 수록. 은행, 병원, 교통 수단 이용하기 등 외국에서 직접적으로 맞닥뜨리게 되는 상황을 설정하여 바로바로 도움을 받을 수 있게 간단한 회화를 한글 발음 표기와 같이 수록하여 손안의 도우미 역할을 해줄 것이다. 4×6판 변형 / 288쪽 / 7,000원

스포츠

수열이의 브라질 축구 탐방 삼바 축구, 그들은 강하다
이수열 지음
축구에 대한 관심만으로 각 나라의 축구팀, 특히 브라질 축구팀에 애정을 가지고 브라질 축구팀의 전력 및 각 선수들의 장단점을 나름대로 분석하고 연구하여 자신의 의견을 피력하고 있는 축구 길라잡이서.
신국판 / 280쪽 / 8,500원

마라톤, 그 아름다운 도전을 향하여
빌 로저스 · 프리실라 웰치 · 조 헨더슨 공저 / 오인환 감수 / 지창영 옮김
마라톤에 입문하고자 하는 초보 주자들을 위한 마라톤 가이드서. 올바르게 달리는 법, 음식 조절법, 달리기 전 준비운동, 주자에게 맞는 프로그램 짜기, 부상 예방법을 상세하게 설명하고 있다. 4×6배판 / 320쪽 / 15,000원

레포츠

퍼팅 메커닉
이근택 지음
감각에 의존하는 기존 방식의 퍼팅은 이제 그만!! 저자 특유의 과학적 이론을 신체근육 운동학에 접목시켜 몸의 무리를 최소한으로 덜고 최대한의 정확성과 거리감을 갖게 하는 새로운 퍼팅 메커닉 북. 4×6배판 변형 / 192쪽 / 18,000원

아마골프 가이드
정영호 지음
골프를 처음 시작하는 모든 아마추어 골퍼를 위해 보다 쉽고 빠르게 이해할 수 있도록 내용이 구성된 아마골프 레슨 프로그램서.
4×6배판 변형 / 216쪽 / 12,000원

인라인스케이팅 100%즐기기
임미숙 지음
레저 문화에 새로운 강자로 자리매김하고 있는 인라인 스케이팅을 안전하고 재미있게 즐길 수 있도록 알려주는 인라인 스케이팅 지침서. 각단계별 동작을 한눈에 알아볼 수 있도록 세부 동작별 일러스트 수록.
4×6배판 변형 / 172쪽 / 11,000원

배스낚시 테크닉
이종건 지음
현재 한국배스쿨에서 강사로 활약하고 있는 아마추어 배스 낚시꾼이 중급 수준의 배스 낚시꾼들이 자신의 실력을 한 단계 업그레이드 시킬 수 있도록 루어의 활용, 응용법 등을 상세하게 해설. 4×6판 / 440쪽 / 20,000원

나도 디지털 전문가 될 수 있다!!!
이승훈 지음
깜찍한 디자인과 간편하게 휴대할 수 있다는 장점 때문에 새로운 생활필수품으로 자리를 잡아가고 있는 디카 · 디캠을 짧은 시간 안에 쉽게 배울 수 있도록 해놓은 초보자를 위한 디카 · 디캠길라잡이서.
4×6배판 / 320쪽 / 19,200원

스키 100% 즐기기
김동환 지음
스키 인구의 확산 추세에 따라 스키의 기초 이론 및 기본 동작부터 상급의 기술까지 단계별 동작을 전문가의 동작사진을 곁들여 내용 구성.
4×6배판 변형 / 184쪽 / 12,000원

태권도 총론
하웅의 지음
우리의 국기 태권도에 관한 실용 이론서. 지도자가 알아야 할 사항, 태권도장 운영이론, 응급처치법 및 태권도 경기규칙 등 필수 내용만 수록.
4×6배판 / 288쪽 / 15,000원

건강하고 아름다운 동양란 기르기
난마을 지음
동양란 재배의 첫걸음부터 전시회 출품까지 동양란의 모든 것 수록. 동양란의 구조 · 특징 · 종류 · 감상법, 꽃대 관리 · 꽃 피우기 · 발색 요령 등 건강하고 아름다운 동양란 만들기로 구성. 4×6배판 변형 / 184쪽 / 12,000원

수영 100% 즐기기
김종만 지음
물 적응하기부터 수영용품, 수영과 건강, 응용수영 및 고급 수영기술에 이르기까지 주옥 같은 수중촬영 연속사진으로 자세히 설명해 주는 수영기법 Q&A. 4×6배판 변형 / 248쪽 / 13,000원

애완견114
황양원 엮음
건강하고 똑똑하고 행복한 강아지로 키우기 위한 현명한 주인의 필독서!! 애완견 길들이기, 애완견의 먹거리, 멋진 애완견 만들기, 애완견의 질병 예방과 건강, 애완견의 임신과 출산, 애완견에 대한 기타 관리 등 애완견을 기를 때 반드시 알아야 할 내용 수록. 4×6배판 변형 / 228쪽 / 13,000원

건강을 위한 웰빙 걷기
이강옥 지음
건강 운동으로서 많은 사람들의 관심을 모으고 있는 걷기운동을 상세하게 설명. 걷기시 필요한 장비, 올바른 걷기 자세를 설명하고 고혈압 · 당뇨병 · 비만증 · 골다공증 등 성인병과 관련하여 걷기운동을 했을 때 얻을 수 있는 효과를 수록하여 성인병을 예방하고 치료할 수 있도록 하였다.
대국전판 / 280쪽 / 10,000원

우리 땅 우리 문화가 살아 숨쉬는 옛터
이형권 지음
우리나라에서 가장 가보고 싶은 역사의 현장 19곳을 선정, 그 터에 어린 조상의 숨결과 역사적 증언을 만날 수 있는 시간 제공. 맛있는 집, 찾아가는 길, 꼭 가봐야 할 유적지 등 핵심 내용 선별 수록.
대국전판 올컬러 / 208쪽 / 9,500원

아름다운 산사
이형권 지음
우리나라의 대표적인 산사를 찾아 계절 따라 산사가 주는 이미지, 산사가 안고 있는 역사적 의미를 되새겨 본다. 동시에 산사를 찾음으로써 생활에 찌든 현대인들이 삶의 활력을 되찾는 시간을 갖게 한다.
대국전판 올컬러 / 208쪽 / 9,500원

아름다운 산사

2004년 6월 10일 제1판 1쇄 발행
2005년 11월 15일 제1판 2쇄 발행

지은이/이형권
펴낸이/강선희
펴낸곳/가림출판사

등록/1992. 10. 6. 제4-191호
주소/서울시 광진구 구의동 57-71 부원빌딩 4층
대표전화/458-6451 팩스/458-6450
홈페이지 http://www.galim.co.kr
e-mail galim@galim.co.kr

값 9,500원

ⓒ 이형권, 2004

저자와의 협의하에 인지를 생략합니다.
무단 복제·전재를 절대 금합니다.

ISBN 89-7895-167-8 13980

가림출판사·가림M&B·가림Let's의 홈페이지(http://www.galim.co.kr)에 들어오시면 가림출판사·가림M&B·가림Let's의 신간도서 및 출간 예정 도서를 포함한 모든 책들을 만나실 수 있습니다.
온라인 서점을 통하여 직접 도서 구입도 하실 수 있으며 가림 홈페이지 내에서 전국 대형 서점들의 사이트에 링크하시어 종합 신간 안내 및 각종 도서 정보, 책과 관련된 문화 정보를 받아보실 수 있습니다.
또한 홈페이지 방문시 회원으로 가입하시면 신간 안내 자료를 보내드립니다.